Liebe Leserinnen und Leser,

Dr. Jürgen Römer

Schmalkalden – Brennpunkt der Reformation, Namensgeber für den wichtigsten Bund der Lutheraner und für einen Krieg, in dem sie sich dem Kaiser geschlagen geben müssen. Hier erlebt die neue Bewegung, angeführt auf theologischer Seite von Martin Luther und Philipp Melanchthon sowie auf politischer Seite vom sächsischen Kurfürsten Johann Friedrich und vom hessischen Landgrafen Philipp dem Großmütigen, ihren stärksten Moment, und zugleich ist mit dem unrühmlichen Ende des Krieges ein Tiefpunkt markiert. Das alles spielt sich innerhalb von weniger als zwei Jahrzehnten ab, Jahre voller Turbulenzen, voller Begeisterung und auch voller Gewalt.

Dem heutigen Besucher des beschaulichen und zugleich lebendigen Fachwerkstädtchens fällt es nicht ganz leicht, sich diese Jahre vorzustellen, und doch atmet die vom großartigen Renaissanceschloss Wilhelmsburg bekrönte Stadt auch den Geist dieser Zeit. Viele Epochen haben tiefe Spuren in die Geschichte und die Topographie der Stadt eingegraben. Von der Romanik bis in die Moderne reichen die baulichen und künstlerischen Hinterlassenschaften, konzentriert in zwei engen Flusstälern, die die Orientierung nicht immer leicht machen. Schmalkalden ist seit den Anfängen der Reformation evangelisch geblieben und noch heute spielen Religion und Glaube hier eine sichtbar größere Rolle als in anderen Teilen Thüringens – ob dies seine Ursache in der Jahrhunderte währenden Zugehörigkeit zu Hessen als weitab gelegene Enklave mitten in Thüringen hat? Hier sprechen die Menschen nicht thüringisch, vielmehr dringen hessisch-fränkische Laute an das Ohr. Schmalkalden heute ist ein Hochschul- und Industriestandort, eine aufstrebende Destination im Mittelgebirgstourismus, ein Wandermekka – die Stadt hat sieben Wandervereine! Die Täler und Höhen des Thüringer Waldes laden zu erfrischenden Spaziergängen ebenso ein wie zu schweißtreibenden Wanderungen. Winter- und Sommersportler auf Skiern und zwei Rädern kommen hier auf ihre Kosten. Und doch bleibt die Atmosphäre echt, die Geschichte hautnah, die Reformation zum Anfassen.

Dr. Jürgen Römer
Herausgeber

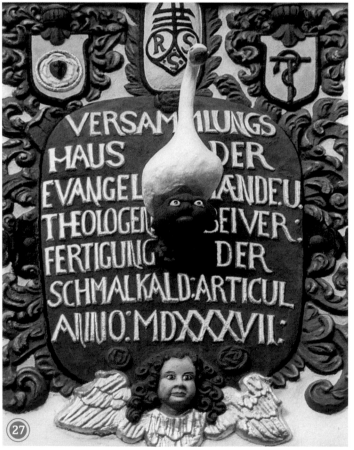

Inhalt

◀ Titel
Stadtkirche St. Georg

FÜRSTLICHES AMBIENTE —
*Pracht und Schönheit der Renaissance genießen —
im Riesensaal von Schloss Wilhelmsburg.
Höhepunkt des Jahres ist die Schlossballnacht im Juli*

IN VERWINKELTEN GASSEN, HINTER FACHWERKMAUERN —

Geschichten von der großen Aufbruchszeit

ANGENOMMEN, LUTHER KÄME VORBEI —
Graffiti-Aktion in Schmalkalden

Schmalkalden entdecken

Thüringisch und hessisch zugleich

Die Schmalkaldischen Artikel aus der Feder Martin Luthers sind Lutheranern auf allen Kontinenten ein Begriff. Wo Schmalkalden zu finden ist, wissen hingegen die wenigsten. Der Fachwerkort liegt in Thüringen und gehörte früher politisch und noch heute kirchlich zu Hessen. Enge Winkel und Gässchen, die sich zu kleinen Plätzen auftun, liebevoll restaurierte Fachwerkbauten und steinerne Kemenaten laden zum Schlendern durch das Städtchen ein. Glanzvolle historische Bauwerke wie die spätgotische Hallenkirche St. Georg und das Renaissanceschloss Wilhelmsburg lassen die Zeit der Reformation und nachfolgende Jahrhunderte lebendig werden.

Das Lutherhaus in der Fachwerkstadt

Zur bedeutendsten Tagung des Schmalkaldischen Bundes war Luther 1537 nach Schmalkalden gereist. Er erkrankte jedoch und konnte an den Sitzungen nicht teilnehmen. Die Predigten anderer Theologen verfolgte er in einer eigens hergerichteten Paramentenkammer in der Georgskirche. Die meiste Zeit seines mehr als zweiwöchigen Aufenthaltes verbrachte er im Haus des Rentmeisters Balthasar Wilhelm (▶ S. 27), dem heutigen Lutherhaus. Daran erinnert eine Tafel aus dem Jahr 1687. In der dortigen Lutherwohnung wird die Ausstellung »Mit dem Glauben Staat machen – Philipp der Großmütige, Landgraf von Hessen 1504–1567« gezeigt.

▶ **Adresse:** Lutherhaus, Lutherplatz, 98574 Schmalkalden

Schmalkaldische Artikel

Luther legte beim Fürstentag 1537 seine »Schmalkaldischen Artikel« vor (▶ S. 40), eine Streitschrift gegen den Papst und das vom Papst einberufene Konzil. Die Schmalkaldischen Artikel gelten als eine Art Vermächtnis des Reformators und zugleich als der vielleicht schärfste Text gegen den Papst. Bis heute werden Pfarrerinnen und Pfarrer der evangelisch-lutherischen Kirchen weltweit auf die Bekenntnisschrift ordiniert.

Eisern und evangelisch

Ihre Geschichte prägt das Selbstbewusstsein der Schmalkaldener, die von sich sagen, sie seien »eisern und evangelisch«. Erzvorkommen, Bergbau und Eisen verarbeitendes Handwerk bildeten einst die Grundlage für eine blühende Wirtschaft. Die Lage der Stadt wie ihre politische Zugehörigkeit schienen wie geschaffen für den Bund der Lutherischen, der vom sächsischen Kurfürsten Johann Friedrich und dem hessischen Landgraf Philipp angeführt wurde. Zeugnisse des Bergbaus sind im Besucherbergwerk »Finstertal« und im technischen Museum »Neue Hütte« zu besichtigen. In der montanen Tradition der Stadt liegen auch die Anfänge der heutigen Fachhochschule. Rund 3.000 Studenten werden in Maschinenbau, Elektrotechnik, Informatik und Ökonomie ausgebildet.

▶ **Adresse:** Besucherbergwerk Finstertal, Talstr. 145, 98574 Schmalkalden

Ein Schmied zeigt Besuchern das alte Handwerk

Das Schlossensemble auf einen Blick

Zu Gast in der höfischen Welt

Schmalkalden war eine Nebenresidenz der hessischen Landgrafen. Sie ließen die alte Burg Wallraff am Ende des Reformationsjahrhunderts niederlegen, um das heute die Stadt krönende Schloss Wilhelmsburg erbauen zu lassen – eines der schönsten Renaissanceschlösser Mitteleuropas (▶ S. 18–20). Wandmalereien und Stuckaturen in den Festsälen führen zurück in die Zeit des späten 16. Jahrhunderts. Im Schlosskeller sind die Wandmalereien zum Epos »Iwein« des Hartmann von Aue zu finden. Die Gemäldeszenen, die im 19. Jahrhundert im Hessenhof am Lutherplatz wiederentdeckt wurden, zählen zu den ältesten erhaltenen Darstellungen der höfischen Sagenwelt.

▶ www.museumwilhelmsburg.de

Schmalkaldischer Bund

Mit der Gründung des Schmalkaldischen Bundes rückt die Stadt 1530 in den Mittelpunkt europäischer Politik. Unter der Führung des Kurfürsten Johann von Sachsen und des Landgrafen Philipp von Hessen vereinen sich hier die protestantischen Landesherren und Städte gegen den katholischen Kaiser Karl V. zur Durchsetzung des evangelischen Glaubens und der gegenseitigen militärischen Absicherung. Sieben Bundestagungen wurden in Schmalkalden abgehalten. Die glanzvollste ist der »Schmalkalder Fürstentag« von 1537. 16 Fürsten, sechs Grafen, Gesandte des Kaisers, des Papstes, des französischen und dänischen Königs, Vertreter von 28 Reichs- und Hansestädten sowie 42 evangelische Theologen, an deren Spitze Martin Luther und Philipp Melanchthon, versammeln sich in der Stadt. (▶ S. 12–15, 36–39)

STADTFÜHRUNG

*Ein Gang durch Schmalkaldens Altstadt:
vom Rathaus, in dem die Protestanten ihren Bund
schmiedeten, hinüber zur Stadtkirche, in der die
Reformatoren predigten. Durch die romantischen
Gassen der Altstadt bis hinauf zum Schloss.
Mit Tipps zu Mittelalter-Festen, Klassik,
Jazz und Tanz im Schloss.*

Auf Luthers Spuren durch Schmalkalden

Enge Gassen, stille Plätze, lauschige Ecken, Fachwerkromantik, all das erschließt sich Besuchern am besten zu Fuß. Machen wir also einen Rundgang zu den wichtigsten Sehenswürdigkeiten und historischen Schauplätzen. Martin Luther hat vieles von dem, was uns jetzt auffällt, damals schon gesehen

VON RALF LIEBAUG UND JÜRGEN RÖMER

◀ S. 10–11
Ins Tal eingebettet:
Schmalkalden

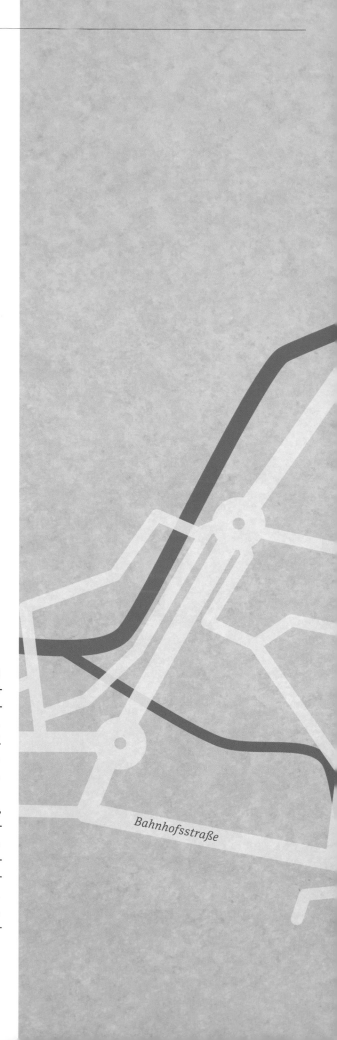

Bahnhofsstraße

Wir beginnen unseren Rundgang durch Schmalkalden auf dem Altmarkt ①. Sofort fallen uns als bedeutendste Gebäude das Rathaus und die evangelische Stadtkirche St. Georg auf. Wenden wir uns zunächst dem Rathaus ② zu: Das weiße Haus mit den Treppengiebeln wurde schon 1419 zu Ratstagungen genutzt. Im Rathaus wird die Geschichte des Schmalkaldischen Bundes lebendig, der wichtigsten Vereinigung der lutherisch gesonnenen Landesherren und Städte. Von 1530 bis 1544 war hier eine seiner Tagungsstätten. Bereits im Foyer weisen die Wappen der Mitgliedsstädte auf dieses Ereignis hin. In der NS-Zeit wurde 1937/38 ein großes Bild vom mittelalterlichen Schmalkalden im Foyer des Rathauses fertiggestellt, das eine gut gesicherte und wohlhabende Stadt zeigt, wie man sie

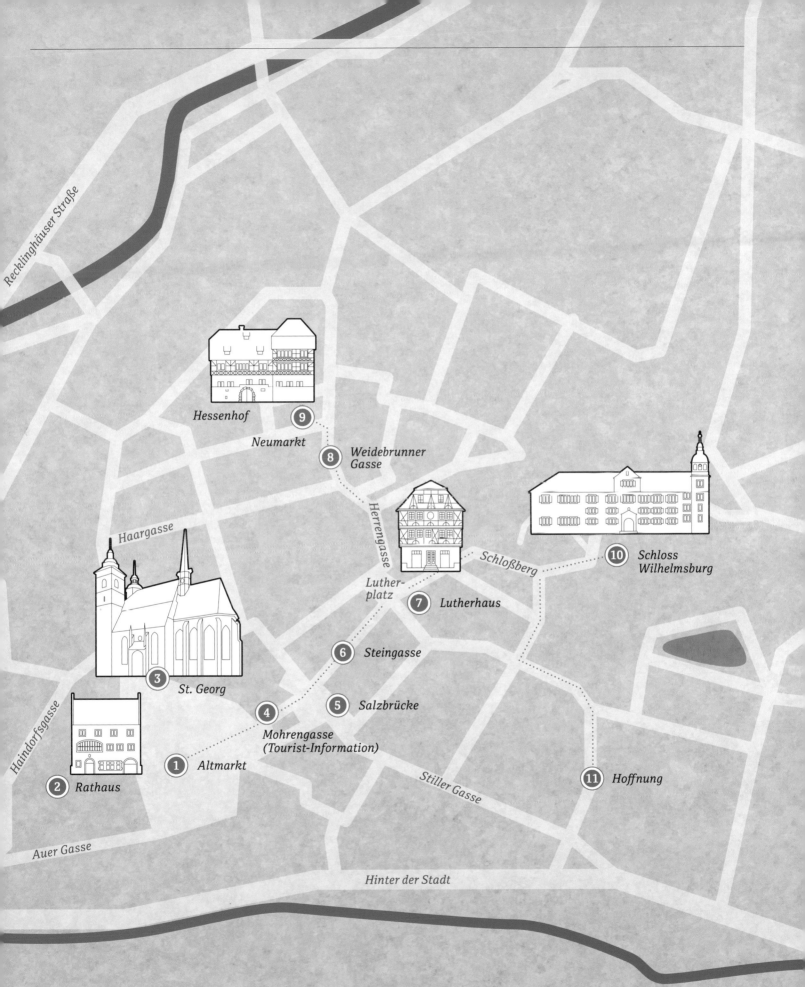

Recklinghäuser Straße

Hessenhof

⑨ Neumarkt

⑧ Weidebrunner Gasse

Haargasse

Herrengasse

Schloßberg

⑩ Schloss Wilhelmsburg

Lutherplatz

⑦ Lutherhaus

③ St. Georg

⑥ Steingasse

Haindorfsgasse

④ ⑤ Salzbrücke

Mohrengasse (Tourist-Information)

① Altmarkt

② Rathaus

Stiller Gasse

⑪ Hoffnung

Auer Gasse

Hinter der Stadt

Der Dachreiter mit der Inschrift »memento mori« erinnert die Vorübereilenden an ihre Sterblichkeit. Stadtkirche St. Georg

Friedrich, einer der beiden Hauptleute des Bundes, den Reformator Martin Luther aufgefordert, eine Bekenntnisschrift anzufertigen, die die wichtigsten Punkte zusammenfassen und der päpstlichen Seite vorgelegt werden sollte. Die so entstandenen Artikel sollten von allen anwesenden Anhängern der Reformation diskutiert und unterzeichnet werden, so die Absicht.

Die Tagung 1537 wurde überschattet von Martin Luthers Erkrankung. Ein Blasenleiden machte ihm schwer zu schaffen. So musste er während der Tagung lange Zeit das Krankenbett hüten. Ansonsten war dieses große Treffen der Reichen und Mächtigen für Schmalkalden nicht nur ein politisches, sondern auch ein wirtschaftliches Großereignis. Die zahllosen Angehörigen der verschiedenen Gesandtschaften mussten beherbergt und verpflegt werden und gewiss gaben sich die meisten nicht nur mit dem Einfachen zufrieden. Die Stadtväter wussten das zu schätzen – und spendierten 1000 Liter Rebensaft aus den städtischen Weinkellern. Aus einem Brief des anwesenden Humanisten und Dichters Eobanus Hessus geht dies deutlich hervor, wenn er schreibt: »Wir sind durch Gottes Gnaden wohl auf und zechen auf dieser Tagung in Schmalkalden wacker und sind weise.«

Einen architektonischen Kontrapunkt zum Rathaus setzt die Stadtkirche ③, geweiht dem Ritterheiligen St. Georg. Sie zählt zu den schönsten spätgotischen Hallenkirchen Thüringens und entstand zwischen 1437 und 1509. Die Dominante wird vom mächtigen Dach gebildet. Die beiden unterschiedlich gestalteten Türme weisen nach Westen und die mit zierlichem spätgotischen Maßwerk gestaltete Südfassade bildet die Schaufront hin zum Markt. Der Dachreiter von 1467 erinnert daran, dass wir nicht ewig leben. »Momento mori« ist dort zu lesen, und zu jeder vollen Stunde schlägt der Tod mit einer Sense nach dem von einer Jungfrau gehaltenen Kranz.

Das Innere der Kirche ist nun einer der echten Luther-Schauplätze der Stadt. Der Reformator gehörte zu den 42 Theologen und Reformatoren, die hier 1537 den Gläubigen das Wort Gottes auslegten. Luther stand zwei Mal, am 9. und am 18. Februar, auf der Kanzel. Allerdings scheint der alte Standort

sich damals in der ideologisch verklärten deutschen Vergangenheit vorstellen wollte.

Die Tagung im Winter 1537 war die glanzvollste in der Zeit des Bestehens des Schmalkaldischen Bundes. Er befand sich auf dem Höhepunkt seiner Macht und hatte politische Bedeutung innerhalb des Reiches und in vielen Ländern Europas erlangt. Diese Bundestagung ging als der »Schmalkalder Fürstentag« in die Geschichte ein, eines der wichtigsten politischen Treffen der Reformationszeit. Durch die Tagung und den Schmalkaldischen Bund war der Name Schmalkalden für mehr als zwei Jahrzehnte in aller Munde. Ziel der Tagung war es, auf eine Einladung des Papstes zu einem großen, umfassenden Kirchenkonzil nach Mantua im Frühsommer 1537 in miteinander abgestimmter Form zu reagieren. Dazu hatte der sächsische Kurfürst Johann

der Predigtkanzel keineswegs ideal gewählt gewesen zu sein, denn Luther beschwerte sich, dass seine Stimme von dort oben wie die einer Spitzmaus geklungen habe. So wurde die Kanzel versetzt und 1917, zum 400-jährigen Reformationsjubiläum, an ihrem alten Standort ein Luther-Relief in den Pfeiler eingearbeitet. Für den erkrankten Reformator wurde in der Paramentenkammer eine Möglichkeit geschaffen, sich an einem kleinen Öfchen zu wärmen und dabei zugleich die Predigten seiner Kollegen verfolgen zu können. Von hier herab soll er einem der anderen Theologen zugerufen haben: »Steig schnell auf, tu's Maul auf und hör' bald wieder auf.« Heute ist der Raum ein kleines Museum mit einigen wertvollen spätmittelalterlichen Exponaten. Unter diesen sind ein Tafelbild mit einer Kreuzigungsszene um 1430, ein spätgotischer Flügelaltar mit der Hl. Sippe im Schrein sowie auf den Flügeln die Apostel Petrus und Paulus besonders hervorzuheben. So wie der sitzende Schmerzensmann, der um 1500 entstand und die in dieser Zeit verbreitete Verehrung des Leidens Christi belegt, stammen auch die anderen Stücke vermutlich aus der vorreformatorischen Ausstattung der Kirche.

Auf dem Altmarkt gibt es noch mehr zu entdecken. Auf der Ostseite tritt als markantes Gebäude

Beschauliches Markttreiben vor großer Kulisse: Einst trafen sich hier Landesfürsten und Reformatoren

die Todenwarthsche Kemenate hervor. »Kemenaten« werden die großen, spätmittelalterlichen und frühneuzeitlichen Steinhäuser in der Altstadt Schmalkaldens genannt, von denen sich eine ganze Anzahl erhalten hat. Die bereits genannte war der Stadtsitz der Adelsfamilie Wolf von Todenwarth. Ihr Giebel ist zum Platz hin ausgerichtet. Ihre Fassade stammt aus dem Jahr 1575, der Bau ist im Kern jedoch wohl deutlich älter und stand ursprünglich an einem Wassergraben, was den eigenartig trapezförmigen Grundriss erklärt. In dem Gebäude logierten im Jahr 1537 Abgesandte, die an der großen Bundestagung teilnahmen, so wie in vielen anderen, heute noch erhaltenen Häusern auch. Vor der Kemenate steht der große, vielfach veränderte Bau des ehemaligen Gasthauses »Zur goldenen Krone«. Dieses Haus gehörte zu den wichtigsten Tagungsstätten innerhalb

Beim Marktbesuch inbegriffen: Thüringer Bratwürste

Im Haus seines Freundes Balthasar Wilhelm – dem heutigen Lutherhaus – musste der Reformator im Februar 1537 die meiste Zeit das Bett hüten

der Stadt. Ein schönes Hessenwappen aus dem Jahre 1695 erinnert an die große Vergangenheit.

Durch die Mohrengasse ④ mit der Tourist-Information kommen wir zur Salzbrücke ⑤. Das Haus mit der Nummer 1 war ursprünglich ein Badehaus, das zu Luthers Zeiten noch existierte. Eine »Ofensau«, ein aus Schlacke, Holzkohle und Eisen zusammengebackener Klumpen aus der unteren Schicht eines mittelalterlichen Metallschmelzofens, erinnert daneben an die Bedeutung des eisenverarbeitenden Handwerks für Schmalkalden.

Weiter geht es in die Steingasse ⑥, die erste gepflasterte Straße der Stadt. Auf der linken Seite beeindruckt eine weitere steinerne Kemenate, die als Station für die reitende Post erbaut wurde und heute eine Apotheke beherbergt. Während der Tagung des Schmalkaldischen Bundes 1537 wohnten hier die Vertreter der Stadt Nürnberg, im Jahre 1540 auch Philipp Melanchthon. Der wegen seiner Verdienste um das reformatorische Bildungswesen so genannte »Praeceptor Germaniae« (Lehrer Deutschlands) weilte in den Jahren 1535, 1637 und 1540 für insgesamt 67 Tage in der Stadt. Er gehörte zu den führenden Theologen des Schmalkaldischen Bundes und war des Öfteren an dessen Beratungen beteiligt.

Zu den großen Plätzen von Schmalkalden zählt der frühere Töpfermarkt, der langgestreckt rechtwinklig am Ende der Steingasse liegt. 1837, aus Anlass des 300-jährigen Jubiläums der Bundestagung 1537 und des damit verbundenen Aufenthaltes von Martin Luther, wurde er umbenannt in Lutherplatz. Dort ist eine Reihe stattlicher Bürgerhäuser aus dem 16. bis 18. Jahrhundert zu sehen. Aus der Steingasse kommend fällt der Blick sofort auf das Lutherhaus ⑦, in dem der Reformator vom 7. bis 26. Februar 1537 bei seinem Freund Balthasar Wilhelm wohnte. Der kranke Reformator musste während dieses Aufenthalts oft das Bett hüten und konnte das Haus nicht verlassen. Daher hielt er am 11. Februar 1537 vor Vertretern der evangelischen Stände, Theologen und Hausbewohnern eine Hausandacht. Seinen

Studentenstadt Schmalkalden

Handwerkliche und technische Fachausbildung haben in der Stadt Tradition: Die »Königliche Fachschule für Eisenwaren- und Stahlwarenindustrie« wurde 1902 eröffnet. Heute studieren Fachhochschüler hier Elektrotechnik, Informatik, Maschinenbau und Ökonomie – Auslandsaufenthalt inbegriffen. Kontakte bestehen mit 50 Partnerhochschulen. Im Sommer versammeln sich Studenten aus aller Welt zur International Summer School in Schmalkalden.

Gastgeber Balthasar Wilhelm hatte Luther beim Theologiestudium in Erfurt kennen gelernt. Später hatte Wilhelm sein Pfarramt aufgegeben, um sich der Abfassung reformatorischer Schriften zu widmen. 1687 ließ der seinerzeitige Hausbesitzer Reinhard Stiefel aus Anlass des 150-jährigen Jubiläums der Tagung die prachtvolle Gedenktafel mit dem markanten Schwan anbringen.

Durch seine Krankheit sah sich Luther gezwungen, früher von der Bundestagung abzureisen, denn er fürchtete zu sterben. Er wollte nach Hause zu seiner Frau. Die Fahrt von Schmalkalden über den Nesselberg muss zunächst qualvoll für ihn gewesen sein. Die durch die schlechten Straßenverhältnisse bedingten permanenten Erschütterungen lösten jedoch offenbar Luthers Harnsteine und kurz vor Tambach-Dietharz war er von seinem Leiden befreit.

Dies veranlasste seinen Begleiter Schlaginhauffen, sofort nach Schmalkalden zurückzueilen und die frohe Kunde zu überbringen. Als er in Schmalkalden ankam, blieb er ausgerechnet vor der Unterkunft der päpstlichen Gesandten in der Großen Kemenate in der Weidebrunner Gasse ⑧ stehen und verkündete lauthals: »Vivit Lutherus! – Luther lebt!«

Ein Rundgang durch Schmalkaldens Altstadt wäre unvollständig ohne einen Abstecher zu dem um 1368 erbauten Gebäude, dessen heute noch vorhandene Zweiteilung bereits Ende des 15. Jahrhunderts erwähnt wird. Es ist der höchste Profanbau der Stadt, der das Stadtbild bis heute prägt. Vis-á-vis liegt der Neumarkt ⑨. Das interessanteste historische Gebäude dort ist der Hessenhof, der etwa 1220 errichtet wurde und in dem bereits die Landgräfin Elisabeth zu Gast war, die später, nach dem Tod ihres Mannes Ludwig, ihr bisheriges Leben und ihren Besitz aufgab, um sich der Pflege von Armen und Kranken zu widmen. Sie wurde nach ihrem frühen Tod im Jahr 1231 heiliggesprochen. Im »Hessischen Hof« verhandelten 1537 die Reformatoren und Theologen über Luthers Schmalkaldische Artikel. Sie wurden hier von der Mehrzahl der Theologen am 24. Februar 1537 unterzeichnet.

Kehrt man vom Neumarkt zurück zum Lutherplatz, so erreicht man die Gasse am Schlossberg, auf der es recht steil hinaufgeht, bis man nach wenigen Minuten das Schloss ⑩ mit dem Museum erreicht. Die interessante Ausstellung zum Zeitalter der Renaissance und Reformation in Europa im Schlossmuseum zeigt beeindruckende Exponate dieser Epoche. Doch wer ließ dieses Schloss erbauen?

Ein Blick zurück in die Vergangenheit. Auf der Anhöhe zwischen den Flüsschen Stille und Schmalkalde

Der Kirchhof, ein kleiner Platz nahe der Stadtkirche

Leichtigkeit und Anmut: Das Schloss besticht mit üppigen Wandmalereien und Stuckaturen

▲
Auf dem Weg ins
Schloss

lag wohl seit dem hohen Mittelalter die Burg Wallraff. Im frühen 14. Jahrhundert kam das am Hang gelegene Egidienstift hinzu. Nach dem Tod des hessischen Landgrafen Philipp wurde sein Territorium zum größten Teil auf die vier Söhne aus seiner ersten Ehe aufgeteilt, während die Söhne aus der berühmt-berüchtigten Doppelehe mit Margarete von der Saale mit kleinen Herrschaften abgefunden wurden (▶ S. 37 f.). Der älteste Sohn Wilhelm IV. erhielt den größten Teil des Erbes, Niederhessen mit Kassel und auch Schmalkalden. Er entwickelte sich zu einem baufreudigen Herrscher und hinterließ auch in Schmalkalden seine Spuren. Er ließ Burg und Stift niederlegen und ab 1585 das nach ihm benannte Schloss für die Jagd und als Sommerresidenz errichten. Binnen fünf Jahren wurden die wichtigsten Arbeiten abgeschlossen, wobei der kunstsinnige

Landgraf selbst an den Plänen mitwirkte. Aus einen Kasseler Hofwerkstätten schickte er über 150 Steinmetze und Bildhauer auf die Baustelle. In Kassel hatte man unter niederländischer Prägung gebaut, und so wurde es auch in Schmalkalden fortgesetzt. Die Namen der leitenden Künstler sind bekannt: Als oberster Bauleiter fungierte Wilhelm Vernukken, der nicht nur in Kassel, sondern auch in Rotenburg an der Fulda wirkte, dazu kamen die Hofschreiner und Baumeister Christoph und Hans Müller, als Stuckateur Hans Becker sowie für die Ausmalungen Georg Cornet.

Sie entwickelten ein Raumprogramm für die imposante Vierflügelanlage, das noch heute gut erkennbar ist. Die gute Erhaltung des Baus ist paradoxerweise der Vernachlässigung zu verdanken, die Schmalkalden durch spätere Generationen der Kasseler Landgrafen erfuhr. Größere Umbauten wurden erst im 19. Jahrhundert durchgeführt, ohne jedoch den Gesamteindruck zu beeinträchtigen. Der Keller beeindruckt durch enorme tonnengewölbte Räume, die heute für große Veranstaltungen genutzt werden. Im Erdgeschoss stechen vor allem die geschossübergreifende Schlosskirche, die Landgrafenwohnung und die Herrenküche hervor, in der die Zeit stehen geblieben scheint. Es bedarf keiner gro-

◄
Ein Gotteshaus
zum Jubilieren:
die Schlosskirche
mit ihrer wertvollen
einmanualigen
Holzorgel

▲
Engel tragen das
Wappen der hessi-
schen Landgrafen.
Schlosskirche

ßen Fantasie, um sich auf dem imposanten, nach vier Seiten offenen Herd die Zubereitung größter Mengen feiner, aber auch sehr deftiger Speisen vorzustellen.

Die bedeutendste Sehenswürdigkeit des Schlosses stellen die Wandmalereien aus der Bauzeit dar, durchgehend im so genannten manieristischen Stil der Zeit gehalten. Der hochrepräsentative Riesensaal, benannt nach den die Tür einfassenden Figuren, ist ein prächtiger Festsaal. Die sinnenfrohen Tanzfeste und Bankette der Renaissance werden vor den Augen der Besucher gleichsam lebendig. Landgrafen- und Tafelgemach, Weißer Saal sowie viele andere Räume sind ebenfalls mit zahllosen Figuren aus der Bibel und der antiken Mythologie, mit Tierfratzen und Jagdszenen geschmückt.

Gleichberechtigt neben den ausgemalten Räumen steht die über drei Geschosse reichende Schlosskirche, die 1590 geweiht wurde. Sie gilt unter Fachleuten als eine der großartigsten Raumschöpfungen der deutschen Renaissance. Dominieren in den weltlichen Schlossräumen die Farben, so besticht der geistliche Raum durch die mit Stuckaturen überzogenen weißen Wand- und Deckenflächen. Über allem thront hoch oben die von dem Göttinger Orgelbaumeister Daniel Mayer 1586–1589 geschaffe-

ne kleine, einmanualige Orgel, eines der wertvollsten Instrumente seiner Art in Mitteleuropa. Die Schaupfeifen sind mit Elfenbein belegt und bieten immer noch den unvergleichlichen Klang dieser längst vergangenen Zeiten. Einerlei, ob man nun das Schloss oder den Marktplatz zum Ausgangspunkt des Rundgangs nimmt, die Entfernungen sind kurz und so ist jederzeit auch eine Besichtigung anderer interessanter Gebäude, etwa der Reste der Stadtbefestigung mit dem Pulverturm an der Straße namens »Hoffnung« ⑪, oder einfach gemütliches Schlendern durch die Gassen möglich. Nur in wenigen Städten lässt sich noch heute die historische Atmosphäre der Epoche der Reformation so intensiv erleben wie in Schmalkalden. •

▶ RALF LIEBAUG
leitet die Tourist-Information Schmalkalden.
....
▶ DR. JÜRGEN RÖMER
ist Historiker und Publizist und Fachdienstleiter Regional-
entwicklung beim Landkreis Waldeck-Frankenberg.

Das Museum Schloss Wilhelmsburg

Über der Stadt thront ein Schloss, das entdeckt werden will: ein Prachtbau aus der Zeit der Spätrenaissance. Mit Festsälen, Gemälden, Schlosskirche – und einer Ausstellung zur Reformation

VON KAI LEHMANN

An der höfischen Tafel: eine Szene aus der Dauerausstellung in Schloss Wilhelmsburg

Das Museum im Schloss erfuhr in den Jahren 1996 und 1998 eine umfassende Neugestaltung. Bis dahin war es ein klassisches Heimatmuseum, in dem die Stadtgeschichte und die Entwicklung des Kleineisengewerbes gezeigt wurden. Dann besann man sich, mit den Pfunden zu wuchern, für die Schmalkalden steht: Martin Luther, die Reformation, der Schmalkaldische Bund, die gleichnamigen Artikel und der Schmalkaldische Krieg.

»Aufbruch in die neue Zeit« heißt ein Teil der Dauerausstellung, welche die Entwicklung des Schmalkaldischen Bundes darstellt. Darüber hinaus wird aufgezeigt, dass es nicht etwa einen großen Knall getan hat und auf einmal stand da ein frecher Augustinermönch, der mit seinen 95 Thesen die Welt erschütterte, sondern dass die Zeit reif war für Martin Luther und die Reformation.

Der andere Teil der Ausstellung zeigt das höfische Leben in einem Schloss an der Wende vom 16. zum 17. Jahrhundert, angefangen von den Tafelfreuden bis hin zur Jagd.

Schloss Wilhelmburg ist allerdings selbst schon ein einziges begehbares Museum. Nirgendwo sonst im deutschsprachigen Raum findet man die Epoche der Spätrenaissance in solcher Schönheit wie auf der Schmalkalder Wilhelmsburg: Eine nahezu vollständig erhaltene Außenanlage mit Funktionsgebäuden, eine originale Raumstruktur von Ende des 16. Jahrhunderts, prächtige Festsäle mit herrlichen Wandmalereien – jeder Raum des Hauses ist bis auf die Funktionsräume ausgemalt – und die wunderschön leichte Stuckatur im Weißen Saal und in der Schlosskirche. Dort findet der Besucher noch eine Rarität: Ein Holzorgel, die 1590 bei Weihung der Schlosskirche zum ersten Mal gespielt wurde und die noch heute so klingt wie damals. •

Iwein-Malerei

Unter der Schlosskirche ist ein Illustrationszyklus zur Iwein-Sage zu bestaunen: die älteste profane Wandmalerei in Deutschland – in Kopie: Das Original im nahen Hessenhof ist aus denkmalpflegerischen Gründen nicht zugänglich.

▶ **DR. KAI LEHMANN**
ist Historiker und leitet das Museum Schloss Wilhelmsburg.

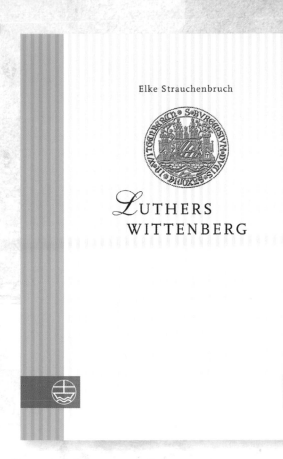

Elke Strauchenbruch
Luthers Wittenberg
ca. 248 Seiten | 13,5 x 19 cm
Hardcover
ISBN 978-3-374-03137-5
EUR 14,80 [D]

Elke Strauchenbruch, Jahrgang 1956, studierte Geschichte in Leipzig. Anschließend war sie elf Jahre als wissenschaftliche Mitarbeiterin im Wittenberger Lutherhaus tätig. Durch langjährige Studien und Stadtführungen hat sie sich einen Namen als profunde Kennerin der Lutherstadt erarbeitet. Seit 1990 ist sie als Buchhändlerin und Antiquarin tätig und als Publizistin populärer reformationsgeschichtlicher Texte bekannt. Nach »Luthers Kinder« und »Luthers Weihnachten« schrieb sie das vorliegende historische Stadtporträt »Luthers Wittenberg«.

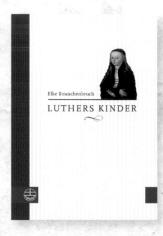

Elke Strauchenbruch
Luthers Kinder
208 Seiten | 13,5 x 19 cm
Hardcover
ISBN 978-3-374-02812-2
EUR 14,80 [D]

Elke Strauchenbruch
Luthers Weihnachten
152 Seiten | 13,5 x 19 cm
Hardcover
ISBN 978-3-374-02905-1
EUR 12,80 [D]

Luthers Persönlichkeit wird zum einen in seinem Tun und Wirken als Initiator und Lehrer der Reformation sichtbar, zum anderen in seinem Alltag als Familienvater. Das Buch lädt den Leser ein, Luther einmal »ganz privat« kennenzulernen.

Luther setzte das Christkind in den Mittelpunkt des bunten weihnachtlichen Treibens seiner Zeit. Das neugeborene Kind ist Gottes Geschenk an die Welt. Immer stärker erhielt Weihnachten von daher den Charakter des frohen Familienfestes. Von Luther ausgehend erzählt Elke Strauchenbruch von Weihnachtsbräuchen, die in der Reformationszeit ihren Anfang nahmen und uns bis heute erfreuen.

EVANGELISCHE VERLAGSANSTALT
Leipzig
www.eva-leipzig.de · Bestell-Telefon 0341 7114116 · vertrieb@eva-leipzig.de

Am Scheideweg der Geschichte

Das Schicksal von Stadt und Reformation war eng verknüpft. Als die Protestanten den Krieg verloren, drohte Schmalkalden die Zerstörung

—

VON KAI LEHMANN

Es ist heute nur schwer vorstellbar, dass die beschauliche, aber wunderschöne Fachwerkstadt Schmalkalden einmal europäische Geschichte geschrieben hat und zu den bedeutendsten deutschen Städten gehörte. Als im Jahr 1607 der berühmte Kartograph Jodocus Hondius (1562–1612) seine »Germania« verlegte, waren die bedeutsamen Städte des Reiches rot hinterlegt; Schmalkalden war mit Erfurt die einzige Stadt des heutigen Thüringens, die einen solchen roten Punkt vorweisen konnte.

Im Jahre 874 wurde Schmalkalden in einem Schenkungsbrief der fränkischen Edlen Cunihild an das Stift Fulda erstmals als »villa Smalacalta« urkundlich erwähnt, auch wenn archäologische Befunde aus der letzten Zeit eine weitaus frühere Besiedlung belegen. Nicht umsonst nennt man das Frühe und das beginnende Hochmittelalter das »dark age«, und so verwundert es nicht, dass sich

über die Anfänge der Stadt Dunkelheit ausbreitet. Es ist bekannt, dass Mitte des 11. Jahrhunderts Schmalkalden zum Bistum Würzburg gehörte, und es wird vermutet, dass sich spätestens Ende des 11. Jahrhunderts die Stadt im Besitz des aufstrebenden Landgrafengeschlechts der Ludowinger befand. Jene Landgrafen von Thüringen wechselten in den Auseinandersetzungen zwischen Staufern und Welfen um die Vormachtstellung im Reich allerdings gleich mehrfach die Fronten und dies bekam Schmalkalden zu spüren. 1203 – und jetzt bewegen wir uns auf geschichtlich sicherem Terrain – wurde der Ort im Zuge dieser Kämpfe vollkommen zerstört.

Es war kein unbedeutender Ort, wie der schnelle Wiederaufbau beweist. Bereits 1227 war dieser nicht nur erfolgt, sondern Schmalkalden wurde erweitert und erstmals als »civitates«, als Stadt, bezeichnet. In jenem Jahr nahm Elisabeth von Thüringen, die spätere Heilige, Abschied von ihrem Gemahl, dem

200 Jahre Doppelherrschaft: Der zweite Regent rettete seiner Stadt das Überleben.

Thüringer Landgrafen Ludwig IV., in seiner südlichsten Bastion: in Schmalkalden. Der Landgraf brach zu einem Kreuzzug auf, von welchem er nicht zurückkommen sollte. Die Stadt schreibt zum ersten Mal Geschichte.

Nach dem Aussterben der Thüringer Landgrafen im Jahr 1247 kommt Schmalkalden in den Besitz der Grafen von Henneberg. Einer ihrer herausragenden Sprosse ist Graf Berthold VII. Unter ihm erhält Schmalkalden das Stadtrecht.

▲
Kupferstich der Stadt von Matthäus Merian

Durch Erbteilungen gerät die Stadt schließlich in den Besitz der Burggrafen von Nürnberg. Die wollen aber jenen fernab gelegenen Besitz verkaufen und verlangen Geld, viel Geld. Da eine Partei allein den geforderten Kaufpreis nicht aufbringen kann, finden sich zwei. Die ehemaligen Besitzer, die Grafen von Henneberg, und jetzt neu die Landgrafen von Hessen erwerben 1360 die Stadt und das Amt Schmalkalden. Fortan sollte eine mehr als 200-jährige Doppelherrschaft beginnen. Aber die Stadt war nicht geteilt in einen hennebergischen und einen hessischen Teil; es verlief auch keine Landesgrenze hindurch, selbst wenn die Lage der Verwaltungssitze – der Hennebergerhof und der Hessenhof – so wunderbar in dieses herkömmliche Bild der Dinge passen würde. Die Majorität der Bewohner der Stadt Schmalkalden war beidherrig, sowohl dem Landgrafen von Hessen wie dem Henneberger Grafen untertan, wie Steuer- und Musterungsregister beweisen. Nur die jeweiligen Beamten unterstanden der entsprechenden Herrschaft.

In die Zeit der Doppelherrschaft fallen einige historische Ereignisse, die sich wie ein roter Faden durch die Geschichte der Stadt ziehen und noch heute als Feste und Traditionen aufleben. Eine solche Jahreszahl ist 1379: Graf Heinrich V. von Henneberg schenkt der Stadt einen jährlich zu liefernden Hirschen, der mit einem Fest öffentlich zu verzehren sei. Rund 450 Jahre später wird dieses Ereignis in Schmalkalden immer noch gefeiert, mit dem traditionellen Hirschessen Ende August (▶ S. 43).

Der Bund – der politische Arm der Reformation

Nicht wegzudenken aus der Schmalkalder Geschichte ist das Eisen. Durch den Waldreichtum, die Wasserkraft und die in unmittelbarer Nähe zur Stadt liegenden Erzvorkommen entwickelte sich Schmalkalden im Mittelalter zu einer der großen europäischen Schmieden. Die »Schmalkalder Artikel« – nicht zu verwechseln mit Luthers »Schmalkaldischen Artikeln« – wurden auf deutschen wie europäischen Märkten angeboten. Produkte des Schmalkalder Kleineisengewerbes finden sich auf der Frankfurter Messe, werden ins Königreich England gehandelt, machen vor allem aber die Stadt reich und groß. Sichtbarstes Zeugnis dafür ist St. Georg, eine der größten und eindrucksvollsten spätgotischen Hallenkirchen Thüringens. Baubeginn der Stadtkirche war 1413. Damals wurde um die bestehende Kirche einfach herumgebaut, um auch weiter die Gottesdienste feiern zu können. Auch das 1419 fertiggestellte Rathaus zeugt vom Stolz und Reichtum der Schmalkalder Bürger.

Im ersten Drittel des 16. Jahrhunderts zählt Schmalkalden rund 4.500 Einwohner und ist damals die zweitgrößte Stadt Hessens, nur Kassel war geringfügig größer. Im Thüringer Vergleich landet sie hinter Erfurt, den Reichsstädten Mühlhausen und Nordhausen auf Platz 4. Im Reformationszeitalter schreibt die Stadt dann Geschichte mit der Gründung des Schmalkaldischen Bundes – dem politischen Arm der Reformation –, mit Luthers Schmalkaldischen Artikeln und mit dem Schmalkaldischen Krieg. Im Bauernkrieg schlägt sich Schmalkalden auf die Seite der aufständischen Bauern und widersetzt sich den beiden Landesherren.

Nach der Niederschlagung des Bauernaufstandes führt Landgraf Philipp von Hessen 1525/26 in Schmalkalden die Reformation ein. Das Besondere daran ist nicht nur der Umstand, dass es das erste Territorium innerhalb der Landgrafschaft Hessen war, sondern auch ein Umstand, dem bisher wenig

Über der Rathauspforte prangen die Wappen der Henneberger und der Hessen: die Henne und der Löwe

bis gar keine Beachtung geschenkt worden ist: Der andere Landesherr von Schmalkalden – Graf Wilhelm IV. von Henneberg – bleibt katholisch. So erlebt die Stadt fast 20 Jahre lang ein Miteinander zwischen reformatorischem und altgläubigem Gottesdienst. Bewusst wird hier vom »Miteinander« gesprochen, da gewalttätige Auseinandersetzungen innerhalb der Stadtbevölkerung augenscheinlich ausblieben. Offensichtlich war es der Schmalkalder Bevölkerung freigestellt, welcher Konfession jeder fortan angehören wollte. Ein vorweggenommener Augsburger Religionsfrieden im Kleinen mit dem speziellen Schmalkalder Weg?

Nur eine Minderheit überlebte

Der 1530/31 gegründete Schmalkaldische Bund tagte insgesamt sieben Mal in der geographisch günstig gelegenen Stadt. Als der Bund im Schmalkaldischen Krieg 1547 vernichtend geschlagen wurde, stand nicht nur die Reformation, sondern auch die Stadt Schmalkalden selbst auf der Kippe des Überlebens. Dem siegreichen römisch-katholischen Kaiser Karl V. war die Stadt, die dem feindlichen Bund den Namen gegeben hatte, ein Dorn im Auge. Sie sollte dem Erdboden gleichgemacht, ja, sie sollte aus dem Gedächtnis der Geschichte ausgelöscht werden. Aber dazu kam es nicht, was Schmalkalden der Doppelherrschaft zu verdanken hatte. Der eine Landesherr, Landgraf Philipp von Hessen, saß nach dem Krieg in kaiserlicher Haft. Der andere Landesherr, Graf Georg Ernst von Henneberg, hatte einem der Protagonisten im Schmalkaldischen Krieg, Herzog Moritz von Sachsen, in einer Schlacht der Türkenkriege das Leben gerettet. Und dieser setzte sich auf Bitten des Hennebergers bei Karl V. für das Fortbestehen der Stadt ein; mit Erfolg, wie wir heute noch sehen können.

Hätte dieses Bittgesuch keinen Erfolg gehabt, so wäre heute auch nicht das Wahrzeichen Schmalkaldens, Schloss Wilhelmsburg, zu bewundern. 1583 starben die Henneberger Grafen im Mannesstamm aus und Schmalkalden fiel in alleinigen hessischen Besitz. Dies resultierte aus dem 1521 geschlossenen, so genannten »Kasimiranischen Erbverbrüderungsvertrag«, welcher die Erbfolge bei Aussterben der einen oder anderen Landesherrschaft regelte. Damals freilich noch unter ganz anderen Vorzeichen: Der Henneberger Graf war mit vielen Söhnen und damit potentiellen Erben gesegnet, der Landgraf von Hessen dagegen mit keinem. Anderthalb Gene-

rationen später stellte sich die Erbfolge aber ganz anders dar, und Schmalkalden wurde hessisch. Zum Zeichen des nunmehrigen alleinigen Besitzes ließ Landgraf Wilhelm von Hessen-Kassel 1585 Schloss Wilhelmsburg als seine Nebenresidenz errichten. Im Mai des Jahres 1590 wurde die Schlosskirche der Wilhelmsburg geweiht.

Die zweite Hälfte des 16. Jahrhunderts barg aber auch eine dunkle Seite für die Stadt in sich: den schwarzen Tod. Innerhalb von nur drei Monaten des Jahres 1566 starben 1.700 bis 2.000 Einwohner an der Pest. 1598 suchte eine Ruhr-Epidemie die Stadt heim und forderte hunderte von Opfern.

Auf Landgraf Wilhelm IV. von Hessen-Kassel folgte sein Sohn Moritz, genau wie sein Vater ein umfassend gebildeter Mensch, dem die Geschichte den Beinamen »der Gelehrte« gegeben hat. Unter ihm wurden zahlreiche Neuerungen beispielsweise im Bereich des Forst-, des Medizinal- oder des Schulwesens eingeführt.

Der unglücklichen Politik von Landgraf Moritz ist es allerdings geschuldet, dass die Herrschaft Schmalkalden 1626 pfandweise an das Haus Hessen-Darmstadt fiel. Die Pfandherrschaft sollte sich für die Stadt Schmalkalden im Dreißigjährigen Krieg aber noch als Glücksfall erweisen, weil der

Schillernde Persönlichkeit: Philipp von Hessen. Mit seiner Doppelehe trug er Unruhe ins protestantische Bündnis

Stadtansicht von Schmalkalden aus den 1880er Jahren. Foto von Ludwig Bickell

Landgraf von Hessen-Darmstadt zwar bekennender Protestant war, aber fest auf Seiten des katholischen Kaisers stand. Die erste Hälfte des Krieges fand im heutigen Südthüringen gar nicht statt. Erst mit dem Kroateneinfall im Jahr 1634 kam das Elend des Krieges in den Territorien südlich des Thüringer Waldes an. Die auf Seiten des katholischen Kaisers kämpfenden Kroaten plünderten Meiningen und brannten Suhl, Themar, Kaltennordheim und viele Dörfer vollständig ab. Alles Orte, die zu Sachsen gehörten, die wiederum auf Seite der protestantischen Schweden kämpften. Schmalkalden hatte Glück gehabt.

Im Gefolge der Kroaten kamen die eigentlichen Geißeln dieses Krieges: die Pest, der Typhus und vor allem der Hunger. In die Stadt setzten riesige Fluchtbewegungen von Menschen aus dem heutigen Südthüringen, aus Nordfranken, aus dem Coburger und Fuldaer Raum ein. Tausende starben hinter dem doppelten Mauerring Schmalkaldens in qualvoller Enge und unter unmenschlichen hygienischen Verhältnissen. 1636 wurde die Stadt von den protestantischen Schweden geplündert. Ein Plünderungsverzeichnisses gibt einen geradezu unglaublich anmutenden Einblick, wie reich die Stadt damals war und was die plündernden Horden aus ihr hinausschleppten. Den Todesstoß erlebte die Stadt im Frühsommer des Jahres 1640. Die komplette schwedisch-französische Armee, rund 44.000 Mann, wälzte sich in knapp einer Woche von Erfurt kommend nach Süden. Um Schmalkalden herum gingen die Dörfer in Flammen auf. Es kam zu Bevölkerungsverlusten, die bei 80 % bis 90 % liegen. 1646 kommen Stadt und Herrschaft Schmalkalden im Zuge des hessischen Bruderkrieges wieder zur Landgrafschaft Hessen-Kassel.

Von den wirtschaftlichen Folgen des Dreißigjährigen Krieges sollte sich die Stadt Schmalkalden nicht mehr vollends erholen. Die fehlende Residenzfunktion und die topographische Lage der Stadt, in den engen Tälern der Flüsschen Schmalkalde und Stille, verhinderten zudem ein Anwachsen des Ortes. Und so wurde Schmalkalden das, was es heute ist: zwar schöne Provinz, aber dennoch eben nur Provinz. Schwer vorstellbar, dass dieser Ort europäische Geschichte geschrieben hat. ●

Balthasar Wilhelm

Der Reformator Schmalkaldens

VON KAI LEHMANN

Balthasar (auch Baltzer) Wilhelm entstammte einer der reichsten und bedeutendsten Schmalkalder Familien. Sein Großvater war mehrfach Bürgermeister der Stadt, ein Onkel Ratsherr und Gemeindevormund. Balthasar ging den ›typischen Schmalkalder Bildungsweg‹ für gehobene Bürgersöhne. Nach dem Besuch der städtischen Lateinschule wurde er Ostern 1511 an der Universität Erfurt immatrikuliert – immerhin weitere 51 Schmalkalder Bürgersöhne paukten zu dieser Zeit in Erfurt – und studierte Theologie und Philosophie.

Nach Abschluss des Studiums wurde ihm im Jahr von Luthers Thesenanschlag durch Graf Wilhelm IV. das unbesetzte Vikariat von St. Katharinen angetragen. Schon in seiner Studienzeit hatte Baltasar Wilhelm Kontakt zu Martin Luther. Während seiner Tätigkeit als Vikar wurde er vollends zum überzeugten Anhänger der reformatorischen Bewegung. 1521 legte er freiwillig sein geistliches Amt nieder. Welcher Tätigkeit er dann nachging, ist nicht bekannt. Kurz bevor der Bauernkrieg auch auf Schmalkalden übergriff, startete Wilhelm einen reformatorischen Versuch. Zu Beginn des Jahres 1525 beschuldigte er den damaligen Pfarrherren und Prior des Schmalkalder Augustinerklosters der Irrlehre. In vier Artikeln setzte Wilhelm den aus seiner Sicht falschen

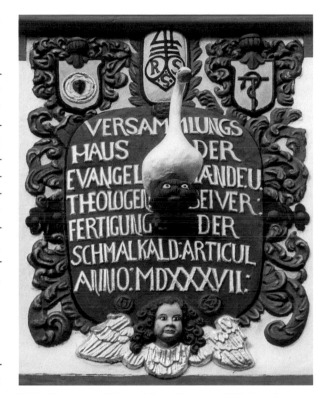

Die Lutherrose und Melanchthons Wappen mit Stab und Schlange erinnern an den Besuch der Reformatoren 1537

Auffassungen des alten Glaubens seine eigenen Auffassungen entgegen. Deutlich zeigte sich in diesen Artikeln die lutherische Rechtfertigungslehre. Wilhelm forderte zudem, den Gottesdienst in deutscher Sprache abzuhalten, das Abendmahl in beiderlei Gestalt zu reichen und überflüssige Gottesdienste abzuschaffen.

Die angegriffene Geistlichkeit verklagte daraufhin Balthasar Wilhelm beim Stadtrat, der auch sein Angebot, die Artikel zu begründen, schroff zurückwies und stattdessen mit Strafe

drohte. Wilhelm wandte sich daraufhin direkt an den Henneberger Grafen mit Beifügung der Artikel und beteuerte, in keiner Weise einen gewaltsamen Aufruhr heraufbeschwören zu wollen. Statt des erhofften Schutzbriefes erhielt Wilhelm eine deutliche Aufforderung, seine Handlungen zu unterlassen.

Kurze Zeit später rollte der Bauernkrieg über Schmalkalden hinweg und nach dessen Niederschlagung führte Landgraf Philipp von Hessen gegen den Willen des Henneberger Grafen in Schmalkalden die Reformation ein. Der von ihm als Pfarrer der Stadtkirche St. Georg eingesetzte Wolf Gräfe (auch Grebe) aus Hilpershausen bei (Bad) Hersfeld war der erste evangelische Prädikant Schmalkaldens.

Balthasar Wilhelm wurde zu Beginn der 1530er Jahre Rentmeister von Schmalkalden; wenn man so will, der höchste Finanzbeamte der Stadt. Als Freund von Martin Luther war Balthasar Wilhelm bei der Tagung des Schmalkaldischen Bundes im Jahr 1537 der Gastgeber des Reformators. Martin Luther nächtigte und predigte während nahezu zwei Wochen in Wilhelms Haus am damaligen Töpfermarkt. Dieses beeindruckende Haus trägt heute den Titel Lutherhaus.

Übrigens war Carl Wilhelm – der Komponist der »Wacht am Rhein« – einer der Nachfahren von Balthasar Wilhelm.

●

Glanzvolle Treffen, bittere Trennung

Berühmte Persönlichkeiten prägten die Ereignisse,
in denen Schmalkalden europäische Geschichte schrieb

—

VON JÜRGEN RÖMER UND BERTL WERNER

Schmalkalden hat immer wieder bedeutende Besucher aus nah und fern angezogen. Der Reichtum des Städtchens mag dabei eine Rolle gespielt haben, vielleicht machten sie auch nur Station auf dem Weg aus dem Rhein-Main-Gebiet nach Osten, in Richtung Leipzig und noch weiter. Am Beginn der berühmten Besuche steht ein Abschied:

Elisabeth von Thüringen (1207–1231)

Die schon wenige Jahre nach ihrem Tod 1231 heiliggesprochene »Mutter der Armen« begleitete – vielleicht voll düsterer Vorahnungen – ihren Mann, den thüringischen Landgrafen Ludwig IV., bis an die Grenze seines Territoriums, als er 1227 zusammen mit Kaiser Friedrich II. das Kreuz nahm und zu einem Kriegszug in das Heilige Land aufbrach. Schmalkalden gehörte seit dem 12. Jahrhundert zum Machtbereich der Landgrafen aus dem Haus der Ludowinger, in deren Familie die ungarische Königstochter Elisabeth als künftige Braut bereits als Vierjährige gebracht worden war. Die Prinzessin wuchs zusammen mit ihrem künftigen Mann Ludwig auf. Mit 13 Jahren gebar sie

> »Syn muther Sophie unde syn huß frouwe Elzebeth, dy zcogin beide betrübit meth biß in die stad zcu Smalkaldin«

ihr erstes Kind Hermann, später folgten Sophie und Gertrud. Sehr früh zeigte sich bei ihr unter dem Einfluss von Franziskanermönchen eine tiefe Frömmigkeit. Sie wandte sich gegen weltliche Macht und Reichtum und wandte sich der Fürsorge für Arme und Kranke zu. Nach dem frühen Tod ihres Mannes zog die junge Witwe nach Marburg an der Lahn, wo sie ein Hospital gründete, ihren Besitz für den Betrieb des Hospitals verkaufte, ihre Kinder weggab und sich im Dienste an Hilfsbedürftigen innerhalb weniger Jahre verzehrte. Schon zu Lebzeiten verbreitete sich aufgrund ihres heiligmäßigen Lebens ihr Ruf im weiten Umland. Als sie 1231 starb, dauerte es nicht einmal vier Jahre, bis sie vom Papst heiliggesprochen wurde. Zur feierlichen Erhebung ihrer Gebeine zur Ehre der Altäre, wie es kirchenrechtlich heißt, im Mai 1236 zogen unübersehbare Menschenmengen nach Marburg, an ihrer Spitze Kaiser Friedrich II. Er krönte den Schädel der Toten mit einer wertvollen Krone und ließ die sterblichen Überreste in einem kostbaren Schrein beisetzen. Mit dem Bau einer großen Wallfahrtskirche im neuen, aus Frankreich stammenden Stil der Gotik hatte man bereits zuvor begonnen. Der Deutsche Orden, eine christliche Rittergemeinschaft, hatte Elisabeths Hospital nach ihrem Tod übernommen und führte es weiter. Mit ihren Idealen von Demut und Nächstenliebe, die sie unter dem Einfluss ihres geistlichen Führers Konrad von Marburg entwickelt hatte, hatten die machtbewussten Ordensritter wenig im Sinn, doch entstand eine große Wallfahrt, die Marburg für einige Jahrzehnte zu einem der wichtigsten Pilgerziele Europas machte.

Was verbindet diese beeindruckende Persönlichkeit nun mit Schmalkalden? Sie hatte bereits ihre beiden ersten Kinder zur Welt gebracht, als die erneut Schwangere ihren Mann auf den ersten Etappen der Reise begleitete. Landgraf Ludwig hatte sich bei Kaiser Friedrich II. zum Zug ins Heilige Land verpflichtet. Bei Schmalkalden sollte der Zug das Herrschaftsgebiet der Landgrafendynastie verlassen, deswegen sollte dort der Abschied sein. Die nach Elisabeths Tod verfassten Heili-

Elisabeth und Landgraf Ludwig müssen voneinander scheiden, Glasmalerei in einem Fenster der Elisabethkirche in Marburg

genlegenden schmückten die Abschiedsszene aus. In dem in den 1420er Jahren niedergeschriebenen »Elisabethleben« des Eisenacher Ratsschreibers Johannes Rothe heißt es: »Syn muther Sophie unde syn huß frouwe Elzebeth, dy zcogin beide betrübit meth biß in die stad zcu Smalkaldin«. Von dort begleitete ihn Elisabeth am 24. Juni 1227 noch eine Tagesreise weit, ehe der endgültige Abschied kam. Ludwig zeigte ihr, so die Legende, seinen Siegelring und erklärte, dass dieser das Zeichen sein werde, wenn ihr jemand eine Botschaft von ihm überbringe. Der Bote erschien jedoch viel früher als erwartet und überbrachte ihr die Nachricht des Todes Ludwigs, der noch in Süditalien an einer Krankheit verstorben war. Die junge Witwe verließ bald darauf ihre Thüringer Verwandten und ihre Kinder und ging nach Marburg, um ihr neues Leben zu beginnen. Schmalkalden steht in ihrer Vita für das jähe Ende der glücklichen Ehe und für den Beginn eines heiligmäßigen Lebens, das sie nach ihrem Tod 1231 zu einer der berühmtesten Heiligen machen sollte.

Philipp der Großmütige (1504–1567)

hatte in Schmalkalden seine Nebenresidenz. Eine erste Hinwendung des Landgrafen zur Reformation ist in der Landesordnung von 1524 erkennbar, in der er unter anderem die Pfarrer aufforderte, das Evangelium »lauter und rein, treulich und christlich« zu predigen. Das sind Forderungen, die Luther zuvor bereits erhoben hatte und die Philipp nun als Landesherr und nach neuem Verständnis damit auch Kirchenherr in seinem Territorium durchsetzte. Schon im Mai 1525 setzte Philipp den bisherigen Pfarrer der Stadtkirche ab und brachte mit Wolf Grebe den ersten evangelischen Pfarrer ins Amt. 1537 leitete Philipp die bedeutendste Tagung des Schmalkaldischen Bundes. Anwesend waren auch Martin Luther, Philipp Melanchthon und viele andere bedeutende Theologen. Nach Philipps Tod erhielt sein ältester Sohn Wilhelm die Hälfte des Landes mit Schmalkalden. Er ließ die Wilhelmsburg erbauen.

◄ Porträt des alten Luther

▼ Der junge Melanchthon. Miniaturgemälde von Hans Holbein d. J., 1531/32

Martin Luther (1483–1546)

besuchte Schmalkalden vom 7. bis zum 26. Februar 1537. Er war gemeinsam mit seinen Mitstreitern Philipp Melanchthon, Georg Spalatin und Johannes Bugenhagen von Wittenberg aus aufgebrochen, um an der großen Tagung des Schmalkaldischen Bundes teilzunehmen, in der auch über seine Artikel verhandelt werden sollte. Luther bezog Quartier im Haus des hessischen Rentmeisters Balthasar Wilhelm am damaligen Töpfermarkt. Die Schmalkalder Tagung war überschattet von der Krankheit Luthers. Er predigte am 9. und 18. Februar in der Stadtkirche St. Georg. Vor dem Ende der Tagung zwang ihn seine Krankheit zur Abreise.

Philipp Melanchthon (1497–1560)

weilte insgesamt 67 Tage in Schmalkalden. 1535, 1537 und 1540 nahm er hier an den Tagungen des Schmalkaldischen Bundes teil. Im Jahr 1535 war er vom Spätsommer bis zum Jahresende in Sachen Reformation unterwegs. Der Universalgelehrte reiste über Leipzig, Naumburg, Jena, Erfurt und Weimar nach Schmalkalden, wo er im Gefolge des Kurfürsten und Landesherren am 12. Dezember 1535 ankam und zwei Wochen blieb. Seine zweite Reise führte ihn von Wittenberg über Torgau, Grimma, Altenburg, Weimar, Arnstadt und Waltershausen nach Schmalkalden, wo er am 7. Februar 1537 ankam. Er blieb vier Wochen lang in der Stadt. Sein umfangreicher Briefwechsel dokumentiert den Aufenthalt. Er wohnte im Pforrischen Haus am Neumarkt. Sein diplomatisches Fingerspitzengefühl bewies er, als er 1537 die wegen ihrer heftigen Papstkritik umstrittenen Schmalkaldischen Artikel Luthers nur mit Vorbehalt unterschrieb, gleichzeitig jedoch im Hintergrund für den Erfolg der Tagung sorgte.

Zu Besuch bei Frau Bergrat Wolf

Interessante Besucher konnte die Dichterin Arnoldine Wolf (1769–1820) um 1800 in Schmalkalden empfangen. Frau Bergrat Wolf, wie sie genannt wurde, stammte aus einer Kasseler Juristenfamilie. Sie machte schon als junge Dame durch »außerordendlich schöne und vollendete Gedichte« auf sich aufmerksam. Mit 23 Jahren hatte sie den Schmalkalder Bergrat Georg Friedrich Wolf geheiratet. Sie lebten im Stadtzentrum in der Todenwarthschen Kemenate und empfingen dort bedeutende Schriftsteller. So gehörte zu ihren Bekannten der Schriftsteller Heinrich von Münchhausen, Herausgeber eines Barden-Almanachs. Er war Kommandant einer Jägerabteilung, die in Schmalkalden in Garnison lag. Durch seinen regen Geist und großen literarischen Eifer übte er einen starken Einfluss auf Arnoldine Wolf aus. Durch Münchhausen wurde sie im Jahre 1801 mit dem Dichter Johann Gottfried Seume (1763–1810) bekannt, der auf der Rückreise von seinem in Buchform verewigten »Spaziergang nach Syrakus« seinen alten Freund in Schmalkalden aufsuchte. Im selben Jahr verschaffte ihr ein Zufall in Kassel auch die Bekanntschaft mit dem damals gefeierten Schriftsteller Jean Paul (1763–1825). Er erkannte ihre Begabung und besuchte sie 1802 von Meiningen aus, wo er seinerzeit wohnte und an seinem Roman »Titan« arbeitete. 1817 erschien in Schmalkalden ihr einziger Gedichtband. Unter den 300 Subskribenten finden sich die landgräfliche Familie in Kassel sowie das Herzogspaar von Sachsen-Gotha-Altenburg.

Theodor Fontane (1819–1898)

weilte 65 Jahre später in der Stadt. Er sammelte Eindrücke für ein Buch mit dem Titel »Reisen durch Thüringen«. Entstanden sind interessante Notiz- und Tagebuchaufzeichnungen aus den Jahren 1867 und 1873. So werden der Gasthof zur Krone, die Hauptkirche mit Lutherstübchen, die Rosenapotheke und das Lutherhaus ausführlich geschildert. Etwa 20 Jahre später hielt der hessische Landeskonservator und Foto-Pionier Ludwig Bickell (1838–1901) Schmalkalden auf zahlreichen Bildern seiner Glasplattenkamera fest, deren enorme Schärfe und Bildqualität noch heute den Betrachter staunen lassen. Sie geben einen Eindruck von der Stadt, wie sie Fontane gesehen haben muss.

Theodor Fontane. In seinen »Reisen durch Thüringen« schildert er die Stadt, wie sie sich ihm in der zweiten Hälfte des 19. Jahrhunderts präsentierte

Beenden soll die bei Weitem nicht vollständige Aufzählung prominenter Besucher Schmalkaldens Johann Wolfgang von Goethe (1749–1832), der die Stadt gemeinsam mit Herzog Karl August von Weimar 1780 und 1781 aufsuchte. Der kurz zuvor zum Geheimen Rat ernannte Goethe machte in dieser Zeit ausgedehnte Reisen durch Thüringen, die ihn auch nach Gotha und Ilmenau führten. •

▶ **BERTL WERNER**
ist Stadtführerin in Schmalkalden.

Melanchthon macht Schule

Philipp Melanchthon war nicht nur der Diplomat der Reformation, wie das Beispiel der Schmalkalder Bundestagung von 1537 zeigt, sondern er wurde bereits zu Lebzeiten der »Lehrer Deutschlands« genannt. Und auch in dieser Funktion hinterließ er, wenn auch postum, in der Stadt Schmalkalden seine Spuren. Im Jahr 1618 erließ Landgraf Moritz von Hessen-Kassel für seinen Herrschaftsbereich eine

einheitliche Schulordnung, die sich eng an den Melanchthonschen Prinzipien orientierte. In dieser Ordnung, die auch für die Schmalkalder Lateinschule galt, hieß es in der Präambel, dass nur mit gebildeten Menschen das geistliche wie weltliche Regiment aufrechterhalten werden könne. Lernziele wurden für jede der acht Klassenstufen definiert. Ab der zweiten Klasse lernten die Kinder Latein, ab der sechsten Klasse Griechisch. Wer

die Heilige Schrift lesen und verstehen will, muss zu den Wurzeln zurück: Dies lehrte Melanchthon, und so wurde es in Schmalkalden umgesetzt. Übrigens wurden bereits neun Jahre zuvor die Schmalkalder Eltern, welche wissentlich ihr Kind nicht zur Schule schickten, mit zehn Gulden Strafe belegt; damals der Wert einer guten Milchkuh.

▶ **KAI LEHMANN**

Service

Beste Aussichten: Am Tag locken Altstadt und Ausflüge in die Natur,
abends Musik und Tanz in den Festsälen des Schlosses

Stadtrundgänge

Die Tourist-Information Schmalkalden in der Mohrengasse bietet geführte Themenrundgänge an. Sie können zum ersten Kennenlernen der Stadt ebenso dienen wie zur Vertiefung von bereits Erlebtem.

Aufbruch in die neue Zeit – Renaissance und Reformation

Rundgang durch die prächtigen Festsäle von Schloss Wilhelmsburg mit originalen Wandmalereien und Stuckaturen und ständiger Ausstellung zu den Schwerpunkten: Schmalkalden und Europa im 16. Jahrhundert, Reformation und Schmalkaldischer Bund, die höfische Kultur und Lebensweise zur Residenzzeit der hessischen Landgrafen. Besuch der Schlosskirche: eine der ältesten Predigtkirchen mit Altar, prachtvoller Kanzel und Holzpfeifenorgel in einer Achse. Auf Wunsch findet ein Orgelvorspiel statt.

Schmalkalden eisern & evangelisch

Rundgang durch die historische Altstadt, die zum größten Teil aus Fachwerkhäusern und Steinernen Kemenaten aus dem 14. bis 18. Jahrhundert besteht. Besichtigung des Rathauses, der Gründungs- und Tagungsstätte des Schmalkaldischen Bundes mit Lutherbüste und den Wappen der Bundesmitglieder, Besichtigung weiterer Bauten wie des Lutherhauses, der Rosenapotheke, des Hessenhofs sowie der Außenanlagen von Schloss Wilhelmsburg.

Begegnung mit der lutherischen Bewegung

Rundgang durch die Stadtkirche St. Georg, der Predigtstätte Martin Luthers bei der Bundestagung im Jahr 1537, mit kleinem Kirchenmuseum im Lutherstübchen, Turmbesteigung und Besichtigung der Türmerstube.

▶ **Öffentliche Stadtführungen**
April – Oktober: Mo., Mi., Sa. 11:00 Uhr
ab Tourist-Information (Mohrengasse)

▶ **Öffentliche Kirchenführungen**
Mo.–Sa., 14:00 Uhr

▶ Stadt- und Schlossführungen organisiert die Tourist-Information Schmalkalden jederzeit auf Anfrage

▶ **Informationen:**
Tourist-Information Schmalkalden
Mohrengasse 1a, 98574 Schmalkalden
Tel. 03683/403182, Fax 03683/604014
info@schmalkalden.de
www.schmalkalden.com

Blick aus der Türmerstube

Die Stadtkirche St. Georg steht außerhalb der Gottesdienstzeiten tagsüber zur Besichtigung offen. Führungen sind darüber hinaus möglich, auch mit Besuch der 45 Meter hoch gelegenen Türmerstube, die einen herrlichen Rundblick über die Altstadt bietet.

▶ **Informationen bei:**
Evangelische Kirchengemeinde, Kirchhof 3
98574 Schmalkalden, Tel. 03683/402471
gemeindebuero.kigem.sm@ekkw.de
info@schmalkalden.de
www.schmalkalden.com

Rauschende Ballnächte im Schloss

Schloss Wilhelmsburg ist nicht nur ein Hort von Kunst und Kultur. In den imposanten Festsälen, in der Herrenküche und in der lichten und farbenfreudigen lutherischen Predigtkirche werden kulturelle Veranstaltungen zum Genuss. Hier finden Theateraufführungen, Jazzmusik oder klassische Konzerte, Lesungen, Vorträge und die Internationale Musikreihe mit einer der ältesten noch bespielbaren Holzorgeln in Europa statt – hier geben sich international namhafte Organisten die Ehre. Alljährlicher Höhepunkt auf Schloss Wilhelmsburg ist die Schlossballnacht. Tanz und stimmungsvolle Musik in den Festsälen und die hell erleuchtete Beletage mit historischen Sitzoasen führen zu einer einzigartigen Symbiose von Vergangenheit und Gegenwart.

▶ **Geöffnet:** April–Oktober: täglich von 10:00–18:00 Uhr, Nov.–März: Di.–So. 10:00–16:00 Uhr

▶ **Informationen bei:**
Museum Schloss Wilhelmsburg
Schlossberg 9, 98574 Schmalkalden
Tel. 03683/403186, Fax 03683/601682
info@museumwilhelmsburg.de
www.museumwilhelmsburg.de
info@schmalkalden.de
www.schmalkalden.com

Mittelalterliche Frankenburg

Schmalkalden und Wernshausen mit Helmers und Niederschmalkalden bilden seit Dezember 2008 eine Stadt mit rund 20.000 Einwohnern. Wernshausen erlebte zu Anfang des 19. Jahrhunderts vor allem durch die Flößerei, die Holzverarbeitung und die Papierherstellung einen wirtschaftlichen Aufschwung. Den Ort prägen die evangelische und die katholische Kirche, mit prunkvollem Fachwerk ausgestattete Villen aus der zweiten Hälfte des 19. Jahrhunderts, der Pachtershof, das älteste mit Datum belegte Wohnhaus, über dessen rundbogiger Kellertür die Jahreszahl 1558 steht. In Helmers lockt die Frankenburg aus dem 12. Jahrhundert, die sich auf einer der für die Vorderröhn typischen Kuppen erhebt und einst zum Schutz der Handelsstraße von Frankfurt nach Erfurt errichtet wurde.

Zu Fuß durch Rhön und Werratal

Schmalkalden erstreckt sich vom Südwesthang des Thüringer Waldes durch das Werratal bis in die Vorderrhön nach Helmers. Der Rennsteig, der Jahr für Jahr viele Wanderer anzieht, ist nur neun Kilometer entfernt. Hier kann man auf Martin Luthers Spuren wandern oder den Museums-Rundweg mit seinen romantischen Felskanzeln wählen. Der Mommelstein-Radweg führt auf einer ehemaligen Gebirgsbahnstrecke entlang zum Rennsteig am Inselberg oder auf dem Rosatalweg in die Rhön. Das Werratal lockt Radwanderer und Kanuten. Auch der Winter hat in Schmalkalden und seinem Umland viel zu bieten. Es ist nur ein Katzensprung nach Brotterode oder Oberhof, den Wintersportzentren der Region. Hier werden internationale Wettkämpfe im Skisprung, Rennschlittenfahren, in der Nordischen Kombination oder die Biathlonwettkämpfe in der Rennsteigarena ausgetragen. Bekannte Biathleten wie Sven Fischer und Frank Luck kommen aus Schmalkalden.

Süße Meisterwerke

Die »Erlebnisconfiserie« der Viba sweets GmbH bietet großen und kleinen Naschkatzen tiefe Einblicke in die Herstellung der süßen Leckereien. In der Ausstellung erfahren alle Wissenshungrigen in einem interaktiven Rundgang alles zur Geschichte des Schmalkalder Nougats und seiner Herstellung. Wer sich gerne selbst in der Herstellung süßer Meisterwerke erproben möchte, kann einen der vielen Kurse der Viba Nougat-Welt buchen. Der großzügige Gastronomiebereich lädt zum Verweilen und Genießen ein und bietet nicht nur süße Spezialitäten. Entdecken Sie die gläserne Praline in Schmalkalden.

▶ Geöffnet: täglich von 10:00 bis 18:00 Uhr. Das Restaurant ist darüber hinaus von Fr. bis So. auch von 10:00 bis 22:00 Uhr geöffnet.

▶ **Informationen bei:**
Viba Nougat-Welt, Nougat-Allee 1
98574 Schmalkalden
Tel. 03683/6921600
nougatwelt@viba-sweets.de
www.viba-sweets.de/erlebniswelt

Ordnung des Lägers, Welches Kaiserliche Maj: und die Schmalkaltischen bey Ingolstatt gegeneinander gehabt Anno 1546.

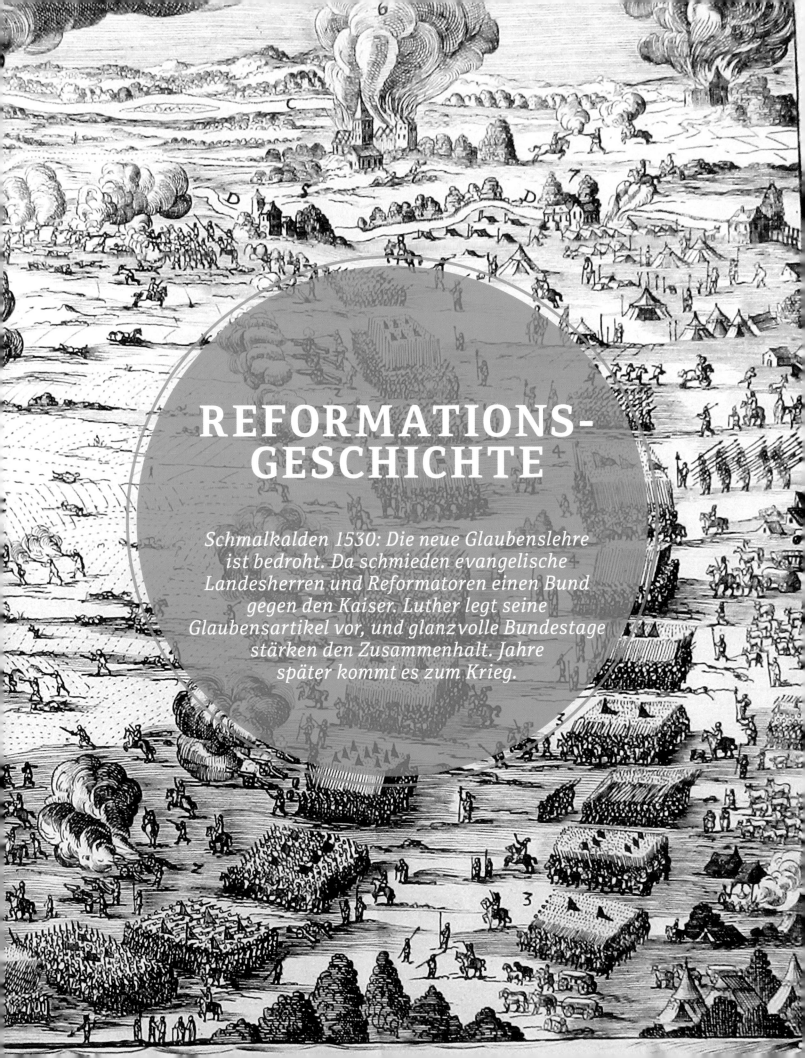

REFORMATIONS-GESCHICHTE

Schmalkalden 1530: Die neue Glaubenslehre ist bedroht. Da schmieden evangelische Landesherren und Reformatoren einen Bund gegen den Kaiser. Luther legt seine Glaubensartikel vor, und glanzvolle Bundestage stärken den Zusammenhalt. Jahre später kommt es zum Krieg.

Der Kampf für den rechten Glauben – und um die Macht

Im Schmalkaldischen Bund schlossen sich die evangelischen Territorien und Städte zusammen. Vereint vermochten sie die neue Glaubenslehre lange Zeit gegen Kaiser und Papst zu behaupten

—

VON JÜRGEN RÖMER

An keinem anderen Ort tagte der Bund so häufig wie in Schmalkalden. Im Bild: der Altmarkt

◀ S. 34–35
Truppen des Kaisers und des Schmalkaldischen Bundes treffen bei Ingolstadt im Jahr 1546 aufeinander

Mehr als einmal stand die Reformation, die Martin Luther ausgelöst hatte, auf Messers Schneide. So war es auch 1530, als der Reichstag in Augsburg tagte und die dortigen Religionsgespräche gescheitert waren. Den Territorien und Städten, die der neuen Lehre folgten, drohte mit dem Reichstagsabschied, dem Schlussdokument der Versammlung vom 19. November 1530, die Reichsexekution, also die Verfolgung durch das Reichskammergericht, falls sie bei ihrem in der Augsburger Konfession festgehaltenen Glauben bleiben sollten. Martin Luther zögerte zunächst, ob er einem Bündnis gegen den Kaiser, mithin gegen die von Gott eingesetzte Obrigkeit, zustimmen sollte. Dies ließ sich mit seiner Theologie nicht vereinbaren. Erst der bei Juristen eingeholten Auskunft, wenn der Kaiser in Religionsangelegenheiten Befehle erteile, handele er nicht als Obrigkeit, weil ihm dies rechtlich nicht zustehe, beugte er sich und machte so den

Weg zur Gründung eines gegen den Kaiser gerichteten Bundes frei.

Das Bündnis stand unter der Führung von Landgraf Philipp dem Großmütigen von Hessen und Kurfürst Johann Friedrich von Sachsen. Ersterer hatte bereits 1529 erste Verhandlungen über ein Bündnis gegen Kaiser Karl V. aufgenommen. Das erste Treffen des Bundes fand im zu Hessen gehörenden Schmalkalden statt, nicht zuletzt wegen der verkehrsgünstigen Lage an der Kreuzung zweier Handelsstraßen am südlichen Abhang des Thüringer Waldes. Zu den Unterzeichnern des Bündnisvertrags gehörten neben Hessen und Kursachsen Herzog Ernst von Braunschweig-Lüneburg, Fürst Wolfgang von Anhalt-Köthen, die Grafen Gebhard und Albrecht von Mansfeld sowie die Städte Magdeburg und Bremen.

Schmalkalden behielt seine wichtige Rolle für den Bund bei; an keinem anderen Ort tagte er so oft wie in der Stadt des Schmiedehandwerks. Dass Luther seine Bedenken aufgegeben hatte, trug zum Erfolg des Bundes maßgeblich bei. Bald stießen die Städte Straßburg, Konstanz, Ulm, Reutlingen, Memmingen, Lindau, Biberach, Isny und Lübeck zum Bund, dessen offizielles Gründungsdokument daraufhin auf den 27. Februar 1531 datiert wurde. Die Suche nach Unterstützung außerhalb des Reiches bei den Königen von England, Frankreich und Dänemark brachte keine greifbaren Ergebnisse.

Damit war ein politisches Bündnis entstanden, das eine religiöse Frage durchsetzen wollte – ein bisher unbekannter Vorgang von enormer Bedeutung. Der Bund überwand zwar, anders als der ältere reformatorische Schwäbische Bund, die Grenzen einer bestimmten Reichsregion, konnte jedoch trotzdem

Frantz Hertzog von Lüneburg · Ernst Hertzog zu Braunschweig · Wolff von Port Ritter · Bernhart von Mila Ritter · Hanns Metsch · Hanns Pflugk der Elter · Georg von Harstal · Georg Spadt · Wolff Goldacker · Fürst Wolff von Anhalt · Philip Hertzog zu Braunschweig der Elter · Johan Fridrich der Elter, Hertzog zu Sachsen und Churfürst

nicht alle der Reformation zugeneigten Territorien und Städte vereinen, denn Markgraf Georg von Brandenburg-Ansbach und die Stadt Nürnberg lehnten einen Beitritt ab. Andere Territorien und Reichsstädte traten hingegen in den folgenden Jahren bei. Die Geltungsdauer wurde zunächst auf sechs Jahre beschlossen. Der Kaiser, in schweren außenpolitischen Nöten wegen der Türkenkriege und des Konflikts mit Frankreich, konnte nicht umhin, mit dem Bund im so genannten »Nürnberger Anstand« und anderen Vereinbarungen hinhaltend zu verfahren. Die Kraft, aktiv gegen die Schmalkalder vorzugehen, brachte er nicht auf. 1533 und 1535 wurde die Bundesverfassung beschlossen.

Philipp von Hessen wurde zum Hauptmann für den südlichen Teil, Johann Friedrich von Kursachsen zum Hauptmann des nördlichen Teils ernannt. 1537 beschloss der Bund auf einem seiner Bundestage in Schmalkalden eine Verlängerung um weitere zehn Jahre. Da ereignete sich etwas, das den Bund von in-

Martin Luther zögerte zunächst, einem Bündnis gegen den Kaiser – mithin gegen die von Gott gesetzte Obrigkeit – zuzustimmen.

nen heraus schwächte. Philipp von Hessen ging, mit der als Ausnahme bezeichneten seelsorgerlichen Zustimmung Luthers und Melanchthons, neben seiner ersten Ehe eine zweite mit Margarete von der Saale ein. Vielen Zeitgenossen erschien dies, als es bekannt wurde, ungeheuerlich und das Ansehen des Landgrafen nahm auch in den eigenen Reihen Schaden. Auch die beiden Reformatoren wurden für diese Entscheidung kritisiert; ihre moralische Integrität war dauerhaft beschädigt. Philipp schloss in dieser Notlage, in der er nicht nur gegen kirchliches,

▲
1534 – Gastmahl des Schmalkaldischen Bundes. Aus Friedrich Hortleder: Von den Ursachen des Teutschen Krieges … Anno 1546 und 1547. Gotha 1645 (Sammlung Schloss Wilhelmsburg)

Wo die Bundesleute den evangelischen Predigern lauschten: Chor der Stadtkirche St. Georg

durchgeführten Feldzug gegen Herzog Heinrich von Braunschweig-Wolfenbüttel im Inneren geschwächt. Zudem gab dieser Zwischenfall dem Kaiser ein Argument an die Hand, die Reichsacht gegen die beiden Hauptleute zu vollstrecken. Einige protestantische Reichsstände konnte der Kaiser in Verträgen zu Neutralität verpflichten. Herzog Wilhelm IV. von Bayern gestattete ihm zudem, in Bayern seine Truppen zusammenzuziehen. Daraufhin riefen die Hauptleute des Bundes die Mobilmachung aus. Letzte Vermittlungsversuche scheiterten. Es gelang dem Kaiser, seine Truppen mit aus den Niederlanden herangeführten Hilfskontingenten zu vereinigen.

Der Schmalkaldische Krieg begann im Juli 1546 mit einigen Scharmützeln an der Donau und dem Beschuss der Kaiserlichen durch den Bund bei Ingolstadt. Bald zwang der Winter die Kontrahenten zu einer Kampfpause. Nun griff Ferdinand, der Bruder des Kaisers, gemeinsam mit Herzog Moritz von Sachsen ein. Sie drangen nach Kursachsen ein und zwangen so die Bundeshauptleute zum Marsch nach Norden. Daraufhin waren die oberdeutschen Städte nahezu wehrlos und kapitulierten beinahe vollständig. Auf dem nördlichen Schauplatz entschied sich der Kampf nach wenigen Monaten. Am 24. April 1547 errangen die Kaiserlichen in der Schlacht bei Mühlberg an der Elbe den entscheidenden Sieg. Landgraf Philipp, der sich bei den Kämpfen im Hintergrund gehalten hatte, und Kurfürst Johann Friedrich gerieten in Gefangenschaft, der Bund zerbrach über der Niederlage.

Es waren nicht allein konfessionelle Gründe, die zu diesem Krieg geführt hatten. Es ging auch um die politische Vorherrschaft im Reich nördlich der Alpen. Der politische Gewinn Kaiser Karls V. war enorm. Nie wieder sollte er eine solche Machtstellung erringen. Für die Hauptleute kam die Niederlage einer Katastrophe gleich: Johann Friedrich wurde die Kurwürde aberkannt und auf seinen Kontrahenten Moritz übertragen; zudem verlor er einen großen Teil seines Territoriums. Philipp, Schwiegersohn Moritz', musste sich in die schmachvolle Haft fügen, aus der er erst 1552 freikam. Doch der Kaiser hatte den Bogen überspannt, denn die schändliche Behandlung Philipps erbitterte seinen Schwiegersohn, und Bayernherzog Wilhelm ging

sondern auch gegen Reichsrecht verstoßen hatte, ein geheimes Bündnis mit dem Kaiser ab, dem zufolge er sich verpflichtete, den Bund nicht über die Reichsgrenzen hinaus auszudehnen und auch den Herzog von Jülich-Kleve nicht aufzunehmen. Dies hatte gravierende Folgen für die Machtbalance vor allem im Nordwesten des Reiches, die sich zugunsten Karls V. wandelte.

Reichsacht gegen die Hauptleute

In den 40er Jahren wendete sich das Blatt. In den Kriegen gegen Frankreich und die Türken trat eine vorübergehende Beruhigung ein, die dem Kaiser neue Handlungsspielräume eröffnete. Nach der protestantischen Verweigerung der Teilnahme am Konzil von Trient im Jahr 1545 eröffnete Karl V. im folgenden Jahr die militärische Offensive gegen den Bund. Dieser war durch einen eigenmächtig von den beiden Hauptleuten Johann Friedrich und Philipp

bei der Verteilung der territorialen Beute leer aus. Schon nach wenigen Jahren wandten sie sich gegen Karl und trugen so das Ihre zum Zustandekommen des Augsburger Religionsfriedens bei.

Die Schweizer folgten Zwingli

Der Bund hatte das Augsburger Bekenntnis von 1530 als konfessionelle Grundlage, wodurch die oberdeutschen und Schweizer Städte, die unter dem theologischen Einfluss des Zürcher Reformators Huldrych Zwingli standen, ausgeschlossen blieben. Die Vereinigung der Lutheraner und Zwinglianer, die Landgraf Philipp 1529 mit dem Marburger Religionsgespräch hatte herbeiführen wollen, war an der Abendmahlsfrage gescheitert. Während Luther auf der tatsächlichen Anwesenheit von Leib und Blut Christi in Brot und Wein beharrte, blieben Zwingli und seine Anhänger bei einer stärker symbolischen Auffassung des Abendmahls. So wurde eine Ausdehnung des Bundes in die Schweizer Eidgenossenschaft hinein unmöglich.

Das Augsburger Bekenntnis, das von allen im Schmalkaldischen Bund akzeptiert wurde, trug jedoch zur Einheit der Lutheraner im Bund bei. Auf die Schmalkaldischen Artikel Luthers hingegen konnte sich der Bund nicht verständigen. Sie wurden erst durch ihre Aufnahme in das Konkordienbuch der lutherischen Kirche von 1580 zu einem allgemein anerkannten Bekenntnistext. Auf den Bundestagen der Schmalkalder standen theologische Fragen immer wieder auf der Agenda. Theologische Beratung wurde hoch geschätzt und immer wieder eingeholt. So heißt es im Schmalkalder Abschied vom 4. März 1537, der Bund habe »unsere treffliche gelehrte der heiligen biblischen schrift alhie zesamen gesetzt«.

Die Bedeutung des Schmalkaldischen Bundes liegt bis heute zweifellos darin, in einer unsicheren Umwelt für 17 Jahre das Luthertum vor militärischer Bedrohung und Niederwerfung beschützt zu haben. In dieser Zeit festigte sich die lutherische Reformation so stark, dass ihr auch durch die militärische Niederlage 1547 und den »geharnischten Reichstag« in diesem und dem folgenden Jahre nicht mehr der Garaus gemacht werden konnte. Es ist zweifelhaft, ob es ohne die Wirkung des Bundes 1555 zum Augsburger Religionsfrieden gekommen wäre, der das Augsburger Bekenntnis der Lutheraner und ihren Fortbestand dauerhaft sicherte. ●

Bundestag von 1537: die heikle Suche nach der gemeinsamen Glaubensgrundlage

Bundestag von 1537. Anwesend sind 16 Reichsfürsten, sechs Grafen und Vertreter von 28 Reichsstädten sowie 42 evangelische Theologen. Der sächsische Kurfürst will, dass alle Mitglieder Luthers Schmalkaldische Artikel als Glaubensgrundlage annehmen sollen. Reformator Philipp Melanchthon und Landgraf Philipp von Hessen wirken dem entgegen – bergen die Artikel doch hinsichtlich der Abendmahlsfrage auch unter den anwesenden Protestanten einigen Sprengstoff in sich. Der zuvor mühsam erarbeitete Kompromiss würde erneut gefährdet; der Streit mit den »oberdeutschen« Ständen und

Städten, die hinsichtlich des Abendmahls den Lehren des schweizerischen Reformators Huldrych Zwingli anhängen, würde erneut ausbrechen. Landgraf Philipp erreicht, dass Luthers Artikel in den politischen Verhandlungen des Bundes keine Rolle spielen. Man verständigt sich darauf, stattdessen die Confessio Augustana von 1530 zur Verhandlungsgrundlage bei einem möglichen großen Glaubenskonzil aller Christen zu machen.

Wie Recht Melanchthon und Landgraf Philipp mit ihrer Einschätzung haben, zeigt sich, als Luthers Artikel dann doch – unter den anwesenden Theologen – diskutiert werden. Am 23. Februar kommt es

zu einem heftigen Disput zwischen dem Straßburger Reformator Martin Bucer und Andreas Osiander wegen der Abendmahlsfrage. Der Streit spitzt sich so zu, dass am folgenden Tag Osiander Bucer um Verzeihung bitten muss.

In der Beurteilung des Schmalkaldischen Bundestags von 1537 stehen zwei Punkte im Fokus: Die protestantische Sache tritt als geschlossene Einheit wesentlich selbstbewusster gegenüber der katholischen Seite auf, als dies noch 1530 beim Augsburger Reichstag der Fall war. Urheber dieser Einheit ist vor allem eine Person: Philipp Melanchthon, der Diplomat der Reformation.

»Ewig geschieden und widereinander«

Martin Luthers Schmalkaldische Artikel sind eine scharfe Streitschrift gegen die Papstkirche und bis heute Glaubensgrundlage lutherischer Kirchen weltweit

—

VON KAI LEHMANN

Unterm Kreuz: Luther und der sächsische Kurfürst Johann Friedrich. Jena 1678

E s lässt sich trefflich darüber streiten, was Martin Luthers Schmalkaldische Artikel eigentlich sind: Sind sie eine Bekenntnisschrift der protestantischen Sache für einen bevorstehenden Konzilsbesuch? Sind sie Luthers persönliches Testament? Sollten sie als künftiges einheitliches Glaubensbekenntnis des Schmalkaldischen Bundes eingesetzt werden?

Es ist wohl von allem etwas.

Im Frühjahr 1536 hatte Papst Paul III. ein Konzil einberufen, welches im Mai 1537 in Mantua beginnen und die Einheit der Kirche wiederherstellen sollte. Für Luthers Landesherrn, den sächsischen Kurfürst Johann Friedrich, war es von vornherein nicht das von den Protestanten geforderte freie Konzil auf deutschem Boden. Dennoch beauftragte er Martin Luther am 11. Dezember 1536 mit der Abfassung von Artikeln, die die Lehre der Reformation zusammenfassen und als Verhandlungsgrundlage für das Konzil dienen sollten.

Luther machte sich sofort an die Arbeit. Ein Herzanfall fesselte ihn aber ab dem 18. Dezember ans Bett, so dass er die letzten Artikel nur liegend diktieren konnte, was deren Kürze dokumentiert. Martin Luther war von Todesahnungen geplagt und damit stellen die Schmalkaldischen Artikel zugleich ein persönliches Glaubenszeugnis des Reformators dar, wie er am Schluss schreibt: »Das sind die Artikel, auf denen ich bestehen muss und bestehen will bis in meinen Tod, so Gott will. Und weiß ich darin nichts zu ändern oder nachzugeben.«

Am 28. Dezember 1536 beriet und überarbeitet Martin Luther gemeinsam mit Philipp Melanchthon, Johannes Bugenhagen, Georg Spalatin, Nicolaus Amsdorf, Johannes Agricola und anderen Reformatoren die Artikel. Die Artikel gliedern sich in drei Teile: »Der erste Teil der Artikel betrifft den hohen Artikel der göttlichen Majestät«. Hier zeigte sich Luther kompromissbereit und versöhnlich mit der Papstkirche. Im Bekenntnis zum dreieinigen Gott erklärte sich Luther mit der Gegenseite einig. »Der zweite Teil betrifft die Artikel, die das Amt und das Werk Jesu Christi bzw. unsere Erlösung behandeln«. Der dritte Teil der Artikel umfasst Themen wie Sünde, Buße, Taufe oder Beichte, über die mit der Gegenseite verhandelt werden könne.

Mit ihren Unterschriften bekräftigten die Reformatoren ihre Zustimmung zu den Artikeln; Melanchthon aber nur mit Vorbehalt. Der »kleine Grieche«, wie ihn Martin Luther oft nannte, zeigte sich in der Frage des Papstes kompromissbereiter als Luther. Denn gerade der zweite Teil der Artikel formuliert harte Worte gegen die Papstkirche. Scharf weist Martin Luther das Papsttum zurück: »Also sind und bleiben wir ewig geschieden und widereinander.« Auch über die evangelische Rechtfertigungslehre, nach der Menschen nicht durch Taten, sondern nur durch Glauben und Gottes Gnade gerecht werden, wollte Luther nicht verhandeln: »Auf diesem Artikel steht alles, was wir wider den Papst, Teufel und Welt lehren und leben.«

Insgeheim beabsichtigte der sächsische Kurfürst, Luthers Artikel auf der Tagung des Schmalkaldischen Bundes im Februar 1537 in der Konventstadt nicht nur als Verhandlungsgrundlage der Protestanten auf einem künftigen Konzil zu präsentieren, sondern sie auch zu einem einheitlichen Bekenntnis des Bundes zu machen. Philip Melanchthon und Landgraf Philipp von Hessen verhinderten dies.

Die Schmalkaldischen Artikel fanden 1580 Eingang in das lutherische Konkordienbuch und gehören bis heute zur Glaubensgrundlage lutherischer Kirchen weltweit.	●

Ausflüge in und um die Stadt

VON RALF LIEBAUG

Schloss Breitungen

Gezähe und Geleucht im Bergwerk »Finstertal«

Die Eisen- und Braunsteingrube »Finstertal« war von 1858 bis 1934 in Betrieb; seit 1959 ist sie zu besichtigen. Über Tage wird gezeigt: das »Gezähe« (Arbeitsgerät) und »Geleucht« der Bergleute im Wandel der Zeit, Zeugnisse der geologischen Vielfalt in den Asbacher Bergen, Beispiele bergbaulicher Traditionen und – besonders interessant für Kinder – der Nachbau einer Haspelkaue mit Haspelgesenk als »Gold- und Edelsteinmine«. Unter Tage: 350 m erschlossenes Grubengebäude, geologische Aufbrüche in den Gangstrecken, einmalig bunt fluoreszierende Mineralien und Originalgeleucht der Bergleute in Aktion.

▶ Talstraße 145, 98574 Schmalkalden, Ortsteil Asbach, Tel. / Fax 03683/488037 bbfinstertal@yahoo.de

Wie der Nagel entstand – Museum »Neue Hütte«

Die »Neue Hütte« ist eine Hochofenanlage von 1835, in der einheimische Eisenerze auf Holzkohlenbasis zu Roheisen verhüttet wurden. Bis 1924 in Betrieb, ist sie eines der letzten Zeugnisse dieser Technologie in Mitteleuropa. Zu besichtigen sind: die ständige Ausstellung zur Geschichte und Technik der »Neuen Hütte«, die Darstellung der allgemeinen Entwicklung von Bergbau, Verhüttung und Eisenhandwerk im Raum Schmalkalden, eine industrielle Holzbohrerfertigungsanlage, eine handwerkliche Nagelschmiede und die Rekonstruktion von Wasserzufuhr, Wasserrad und Turbinenanlagen.

▶ Neue Hütte 1, 98574 Schmalkalden, Ortsteil Weidebrunn, Tel. 03683/403018 Museum-NH@web.de

Schloss Breitungen

Auf dem Burghügel von Breitungen steht seit 450 Jahren ein Schloss. Aus den Fenstern bietet sich eine weite Sicht auf die Höhenzüge der Rhön, auf den Ort und die Werra.

Der Schlosshof mit seiner weitläufigen Wiese wird von Scheune, Stall und Schlossgebäuden umgeben. Bis jetzt sind noch nicht alle Bereiche des Schlosses renoviert, der Flügel mit dem Werra-Blick ist jedoch fertiggestellt und bietet reichlich Raum für Übernachtungsgäste, kleinere und größere Gruppen. Das Schloss mit seinem 300 m² großen Festsaal wird gern für Hochzeiten, Musikprojekte, kirchliche Freizeiten und Geburtstagsfeiern genutzt. An das Schloss grenzt die 900-jährige romanische Basilika, ein letzter Rest eines früheren Benediktinerklosters.

Museum Neue Hütte

Fantastische Zeitreise im Zinnfigurenmuseum

In einem historischen Fachwerkhaus erlebt der Besucher auf 300 m² eine Zeitreise durch die Menschheitsgeschichte, dargestellt mit tausenden vollplastischen Miniaturfiguren und maßstabsgetreuen Gebäuden. Eine der größten privaten Sammlungen dieser Art wird somit der Öffentlichkeit zugänglich.

▶ Gillersgasse 1 / Leere Tasche, 98574 Schmalkalden Tel. 0172/7810787 info@zinnfigurenmuseum.com www.zinnfigurenmuseum.com

Schmalkalder Feste

VON RALF LIEBAUG

Landesgartenschau 2015

Vom 26. April bis zum 4. Oktober 2015 findet in Schmalkalden die 3. Thüringer Landesgartenschau statt. In dieser Zeit wird sich die Stadt von ihrer grünen Seite zeigen. Die westliche Vorstadt, ein Sanierungsgebiet, soll sich bis dahin in Parks, Freizeit- und Arbeitslandschaften verwandeln.

Die durch die enge Tallage Schmalkaldens schwierige Verkehrsführung soll mittels neuer Kreisel optimiert werden; Bus und Bahn sollen in einem modernen Verkehrsverbund miteinander verknüpft werden. Die Landesgartenschau wird einen großartigen Rundgang durch Parks, Gärten, Hallenschauen, die »Viba Nougat-Welt« und die Altstadt mit ihrer Bilderbuchkulisse bieten.

Auf den Spuren der Thüringer Landgrafen, Martin Luthers und des Schmalkaldischen Bundes wird der Weg hinaufführen zum Schloss Wilhelmsburg, wo die nach französisch-italienischem Vorbild angelegten Terrassengärten aufblühen. Eine Reise durch Zeit und Raum und die unerschöpfliche Vielfalt von Gartenthemen – eine Zeitreise durch die Gartenkultur.

Schmalkalder Herrscheklasmarkt

Der »Schmalkalder Herrscheklasmarkt« ist ein kleiner, aber feiner Weihnachtsmarkt, der sich romantisch in die Altstadt einfügt.

Schon im 14. Jahrhundert stand auf dem Altmarkt die Kapelle zum Nicolai, dem Schutzpatron der Reisenden und Kaufleute, der auch dem ältesten Markttag seinen Namen gab. In Mundart wurde aus Nikolaus – Klaus – herrischer Klaus – Herrscheklas, der mit Ketten rasselnd und mit Peitschen knallend durch den Ort zog, Menschen erschreckte und Kinder beschenkte – ein Brauch, der sich aus alten germanischen Vorstellungen entwickelte: Durch Lärm, Mummenschanz und Feuer sollten böse Geister vom höchsten Fest des Jahres – damals dem Julfest – ferngehalten werden. Heute kommt unser Herrscheklas in einer Kutsche gefahren, gehüllt in einen roten pelzverbrämten Kapuzenmantel.

Begleitet von seiner Schar fleißiger Wichtel zieht er immer am ersten Freitag im Dezember durch die Stadt bis zum Altmarkt, wo die größte Tanne des Stadtwalds festlich leuchtet, und verteilt die von hiesigen Bäckern nach geheimem Rezept hergestellten Herrscheklas-Lebkuchen.

Ein fröhliches bis besinnliches Programm umrahmt den etwa drei Wochen dauernden Markt, auf dem man die Vorfreude auf Weihnachten spüren kann.

▶ Herrscheklasmarkt ist vom 4.–20. Dezember in der Altstadt.

Schmalkalder Hirschessen

Auf das Jahr 1379 geht das wohl traditionsreichste Schmalkalder Volksfest, das Hirschessen, zurück. Durch die Henneberger Landgrafen erhielten Rat und Bürgerschaft aus den herrschaftlichen Wäldern jährlich einen Hirsch als Lehen zugesagt. Diesem Brauch schlossen sich die mitregierenden Landgrafen von Hessen später an. Die Hirschspende sollte Ausdruck landesväterlicher Zuwendung sein; sie war aber wohl mehr zur Sicherung des Wohlverhaltens der Bürgerschaft, einer im späten Mittelalter äußerst wohlhabenden Stadtgemeinde, gedacht.

Die Schmalkalder nahmen die Hirsche gern, taten von sich aus reichlich dazu und ließen daraus ein Volksfest werden. Es wurde gegessen, getrunken, getanzt und fahrendem Volk und Gauklern zugesehen. Wenn die Stadt heute das Fest in der Atmosphäre mittelalterlicher Fachwerkromantik aufleben lässt, dann in der Absicht, Lebensfreude zu vermitteln und Gäste aus nah und fern dazu einzuladen. Das Schmalkalder Hirschessen findet jährlich um den 24. August statt.

▶ 2013 wird das Hischessen vom 22.–25. August gefeiert.

KIRCHEN DER STADT

Warum Schmalkalden in Thüringen liegt, aber zur hessischen Landeskirche gehört. Wie die Christen zu DDR-Zeiten ihren Glauben bewahrten und heute weitertragen. Einblicke ins Innere von Stadt- und Schlosskirche. Dazu Tipps und Hintergründe.

Vom Beharren auf der eigenen Identität

Warum die selbstbewussten Schmalkaldener
zugleich Thüringer und Hessen sind

—

VON MICHAEL BEDBUR

»Wie bitte, Schmalkalden gehört zu Hessen?«, so erstaunt fragen nicht wenige, die Südthüringen besuchen. Ja, die gesamte Region des Evangelischen Kirchenkreises Schmalkalden ist seit 430 Jahren ungeteilt hessisch. Gleichwohl und im Ergebnis der zweiten DDR-Verfassung musste die landeskirchliche Exklave 1972 der Evangelisch-Lutherischen Kirche in Thüringen angegliedert werden. Doch als nicht einmal 20 Jahre später der sozialistische Staat verschwindet, kehrt am 1. Juni 1991 das zwischen Rennsteig und Werratal gelegene Kirchengebiet wieder in die Evangelische Kirche von Kurhessen-Waldeck zurück. So beginnt mit der Deutschen Einheit nun auch für Schmalkalden eine neue Zeitrechnung. Zugleich ziehen die damals 17 Gemeinden eine außergewöhnliche Bilanz: Trotz jahrelanger atheistischer Beeinflussung und vielfältiger Einschränkungen haben sie von ihrer Lebendigkeit wenig eingebüßt. Sie blieben selbstbewusst und beharrlich, aber auch offen und einladend, erhielten sich eine überdurchschnittliche Kirchenbindung. Bis in unsere Tage wirkt nach, was unter den schweren Bedingungen der DDR-Zeit gelebt und gepflegt wurde. Dazu zählt auch, dass noch heute nahezu jeder zweite Bewohner der Region Schmalkalden Kirchenmitglied ist. Ein im gesellschaftlichen Umfeld bewährter Glaube und der beispielhafte Zusammenhalt der Menschen haben diese Entwicklung gefördert, nicht zuletzt die ständigen Kontakte der Schmalkaldener mit der im Westen gelegenen Landeskirche – über Mauer und Stacheldraht hinweg.

Und heute? Der Kirchenkreis blüht seit der neu gewonnenen Freiheit und seiner Rückgliederung in die hessische Landeskirche weiter auf. Die Arbeit vor Ort kann nunmehr direkt und ohne Behinderungen gefördert werden. Was seinerzeit undenkbar schien, wird probiert oder umgesetzt. Vor allem gewährt die kooperative Trennung von Staat und Kirche eine verantwortliche Teilhabe am gesamten öffentlichen Leben:

Gleich nach der Wende übernehmen die Gemeinden zu den bisher unterhaltenen drei Kindergärten weitere fünf ehemalige staatliche Kindereinrichtungen. Etwa 500 Mädchen und Jungen werden in diesen Einrichtungen ganztägig betreut.

2007 kann eine landeskirchlich getragene Grundschule in der Stadt Schmalkalden eröffnet werden. An der Martin-Luther-Schule erhalten über 90 Schülerinnen und Schüler eine evangelisch profilierte Bildung. Sie wird nach einem reformpädagogischen Konzept vermittelt.

Die auf die gemeindliche Kinderbegleitung folgende Kreisjugendarbeit hat sich personell wie inhaltlich bis hin zur Schuljugendarbeit erweitert. Zudem übernahm sie vor wenigen Jahren im sozialen Brennpunkt Schmalkaldens ein kommunal geführtes Jugendhaus.

Auch die diakonischen Aufgaben – als Zeichen praktizierender Nächstenliebe – sind breiter gefächert denn je. Zu ihnen gehören innerhalb der Kreisdiakonie umfangreiche Beratungsangebote für alle Generationen, eine Tafel-Einrichtung zur Weitergabe von Lebensmitteln an Bedürftige und eine Hospiz-

▲
Im Haus seines Freundes, Baltasar Wilhelm, – dem heutigen Lutherhaus – hielt der erkrankte Reformator mehrere Hausandachten

◄
Stadtkirche St. Georg. Blick durch die Schlosspforte

◄ S. 44–45
Die heilige Sippe. Schnitzaltar im Lutherstübchen der Stadtkirche, entstanden um 1500

gruppe für Schwerkranke und Sterbende. Die Diakoniestation Schmalkalden, ein ambulanter regionaler Pflegedienst, versorgt täglich über 800 Personen.

Dem Kirchenkreis eng verbunden ist die zu den Diakonischen Werken in Kurhessen-Waldeck und der Evangelischen Kirche in Mitteldeutschland gehörende Diakonische Behindertenhilfe Bad Salzungen-Schmalkalden. Sie hat sich seit ihrer Gründung 1992 zu einer der größten Einrichtungen Thüringens entfaltet. Den Senioren in der Schmalkaldener Region stellt die Diakonie inzwischen drei größere Altenhilfeeinrichtungen für die stationäre Pflege zur Verfügung. Um den steigenden Organisationsaufwand zu bewältigen, erhielt der Kirchenkreis mit dem Kirchenkreisamt vor 20 Jahren eine eigene Verwaltung.

Die rasante Veränderung der letzten Jahre wird auch wahrnehmbar im äußeren und inneren Erscheinungsbild der kirchlichen Gebäude. Bis auf wenige Ausnahmen sind alle Kirchen einschließlich der Kirchsäle renoviert. Ebenso konnten zahlreiche Orgeln und nahezu jedes Pfarr- und Gemeindehaus erneuert oder umgebaut werden. Schließlich kamen drei neu errichtete Gemeinde- und zwei Pfarrhäuser sowie ein mit einem Kindergarten verbundener Gemeinderaum hinzu.

Die von jeher guten Kontakte zu den angrenzenden Kirchenkreisen der Evangelischen Kirche in Mitteldeutschland gestalten sich mit Meiningen beson-

▶ In der Schlosskirche werden seit der Wende wieder Andachten, Hochzeiten und Taufen gefeiert

▼ Ein Fach für jede Kirchengemeinde: Schrank aus dem späten 18. Jahrhundert, Museum Schloss Wilhelmsburg

Statistische Angaben zum Kirchenkreis für 2012

— *280 Quadratkilometer Grundfläche (entspricht etwa der Fläche von Erfurt)*
— *21.200 Mitglieder in (seit 1. Januar 2010)*
— *16 Kirchengemeinden*
— *18 Pfarrerinnen und Pfarrer für Gemeinde und Sonderseelsorge einschließlich Dekansamt*
— *400 haupt- und nebenamtlich Mitarbeitende*

ders intensiv, seitdem 1994 der Landkreis Schmalkalden-Meiningen gebildet wurde. Aber auch die regelmäßigen Begegnungen mit den anderen evangelischen Kirchen und Gemeinden sowie der römisch-katholischen Kirche innerhalb des Kirchenkreises spiegeln ein freundliches, ja herzliches Verhältnis wider. Darüber hinaus behält das kurhessische Thüringen die Christen in anderen Ländern im Blick. Auf die 1973 mit der Ost- und Küstendiözese in Tansania geschlossene Partnerschaft folgte nach der Wende eine weitere mit dem Kirchenkreis Lääne in Westestland. Wechselweise sind die Schmalkaldener zu Gast im Baltikum und in Afrika oder sind selbst Gastgeber. Überhaupt empfangen sie gern Gäste aus aller Welt. Bereits Martin Luther und die Teilnehmer an der großen Tagung des Schmalkaldischen Bundes machten dementsprechende Erfahrungen. Daneben scheint folgende ganzheitliche Beschreibung eines ehemaligen Mitglieds im Pfarrkonvent zutreffend:

»Die Menschen im Kirchenkreis sind mit Sinn und Verstand Thüringer, im Bauchgefühl wohl eher Hessen, doch im Herzen bleiben sie Schmalkaldener.« Und so bleiben sie Mittler zwischen Thüringen und Hessen, Ost und West, aber auch – wie angemerkt – zwischen Nord und Süd! ●

▶ **MICHAEL BEDBUR**
war bis zum Sommer 2012 Dekan im Kirchenkreis Schmalkalden.

Wo die »Große Oster« zum Friedensgebet ruft

Evangelisch und ökumenisch: Die Trennungen der Lutherzeit sind überwunden. Immer öfter musizieren, arbeiten und feiern die Christen gemeinsam

—

VON MANFRED SCHREIBER

Oktober 89: Pfarrer von Frommannshausen am Verstärker

In den dunklen trostlosen Novembertagen hört man abends um 18 Uhr die »Große Oster«. Mit ihrem dumpfen, durchdringenden Ton erfüllt ihr Geläut die ganze Stadt. Auch wer sich nicht in den Chorraum der Stadtkirche einladen lässt, um zu beten, eine Kerze zu entzünden und dabei das Lutherlied: »Verleih uns Frieden gnädiglich« zu singen, weiß: Jetzt ist Friedensgebet.

Und das natürlich nicht nur im November. Bei Katastrophen in New York oder Erfurt, bei Kriegsausbruch irgendwo auf der Welt begleiten die Christen unserer Stadt immer wieder gemeinsam Geschehnisse in nah und fern.

Anfang der 80er Jahre des letzten Jahrhunderts läutete die »Große Oster« die Friedensgebete ein. Zunächst waren es Einzelne, die sich unter dem Symbol »Schwerter zu Pflugscharen« trafen. Ganz Mutige nähten es an ihre Jacke und waren sich der Gefahr wohl bewusst. Es war nicht selbstverständlich, doch für unsere Gemeinde charakteristisch, dass der Kirchenvorstand geschlossen die Gebete veranstaltete und begleitete. Sie wurden ein wichtiges Hoffnungzeichen für die Christen – nein, ich glaube für alle Menschen unserer Stadt. Im Jahre 1989 kamen immer mehr in die Stadtkirche. So konnten die Friedensgebete Ausgangspunkt für Demonstrationen und friedlichen Bürgerprotest werden.

Heute bereiten die christlichen Kirchen gemeinsam die Friedensgebete, das Pogromgedenken am 9. November, den Martinstag sowie zahlreiche andere Aktionen vor. In der Arbeitsgemeinschaft christlicher Kirchen arbeiten die römisch-katholische, die evangelisch-freikirchliche, die evangelisch-methodistische, die Jesusgemeinde sowie die Landeskirchliche Gemeinschaft eng zusammen. Diese lebendige Gemeinschaft entwickelte sich besonders in der Zeit des staatlich verordneten Sozialismus der DDR, der wegen seiner atheistischen Prägung ein besonderes Bekenntnis von den Mitgliedern der Gemeinden verlangte sowie den Verzicht auf eine berufliche Karriere. Natürlich behielten die Gemeinden ihre eigene Prägung, wussten sich aber als Christen in besonderer Weise aneinander gewiesen. Das hat sich bis heute erhalten, wiewohl die Säkularisierung auch vor unseren Gemeinden nicht Halt macht. Eine spezielle gelebte Frömmigkeit ist in den Gemeinden im Kirchenkreis Schmalkalden bis heute zu beobachten.

Natürlich ist das nicht alles, was in und um St. Georg geschieht. Eine Gruppe von freiwilligen Helfern sichert die ganzjährige Öffnung für Gäste und Einheimische. Anlässlich des jährlichen

Luther als Graffiti: Künstleraktion an der Stadtkirche

Stadtfestes feiern wir in der Stadtkirche eine zünftige Kirchweyh, an ihr sind die verschiedensten Gruppen der Gemeinde beteiligt. Zuerst die Kleinsten mit ihren Familien aus den evangelischen Kindergärten – übrigens geht der in der Pfaffengasse in seiner Gründung bereits auf Friedrich Fröbel zurück. Ebenso ist da die Martin-Luther-Schule – es macht uns schon stolz, dass es nach schweren Zeiten der systematischen Benachteiligung von christlichen Kindern nun eine evangelische Grundschule gibt. Überhaupt prägt die Kinder- und Jugendarbeit unsere Gemeinde. Nachdem in der sozialistischen Zeit unsere Christenlehre so wertvoll war, merkten wir sehr bald nach Einführung des Religionsunterrichtes, dass eine eigene kirchliche Kinderarbeit durch die Schule nicht ersetzt werden kann. Darum werden die Kinder regelmäßig jahrgangsweise von Gemeindepädagoginnen und vielen jugendlichen Helfern in die Gemeinde eingeladen.

Genauso wichtig ist es, die Jugendlichen nach der Konfirmation weiter als Gruppe in die Junge Gemeinde zu integrieren. Nebenbei sorgt diese Gruppe zur Kirchweyh auch immer für

reichlich Thüringer Bratwurst und Kreuzbergbier. Ohne Theaterspiel ist dieses Fest gar nicht denkbar, denn längst leben wir Christen nicht mehr vom Hören allein. Von der Theatergruppe wird darum auch der Sonntagsgottesdienst des Öfteren gestaltet. Wachsender Beliebtheit erfreut sich die »Woche für das Leben«. Da werden Kinder, Jugendliche und Erwachsene von Helfern angeleitet, die Kirche mit allen Sinnen zu erfahren. Wer einmal auf der Schaukel durch die Kirche schwebte, vergisst das nie mehr.

Nach der Kirchweyh feiern am Stadtfestsonntag alle christlichen Gemeinden auf dem Altmarkt einen ökumenischen Gottesdienst. Gut, dass da gerade auch kirchenmusikalisch so viel möglich ist, denn die Chöre, die Bläser und die Band kommen sowieso aus verschiedenen Gemeinden – und könnten und wollten alleine oft gar nicht mehr musizieren. Die Stadtkirche als sichtbares Zeichen der Schmalkalder Christen bleibt so letztlich kein Symbol für die Trennung der Kirchen, auch wenn Martin Luther dem Schmalkaldischen Bund klar und unerschrocken seine Artikel ins Stammbuch schrieb.

Auf der Kanzel von St. Georg predigte er über die mannigfachen Versuchungen, denen Christen und auch die ganze Kirche ausgesetzt sind. Wir Schmalkalder jedenfalls haben seine Predigt auch im Jahr des 475. Jubiläums der Schmalkaldischen Artikel mit viel Gewinn gelesen und gehört. •

▶ **MANFRED SCHREIBER**
ist Pfarrer in Schmalkalden.

St. Georg, 25. Oktober 89: Als die Menschen anfingen, frei ihre Meinung zu sagen …

Herbst 1989. In den Großstädten der DDR versammeln sich die Menschen zu Tausenden. »Hinter dem Berg« scheint das Leben seinen gewohnten Gang zu gehen. Da beschließt der Kirchenvorstand, die Führungsriege des Rates des Kreises und der SED-Kreisleitung zu einem Dialog einzuladen. Thema: »Frieden, Gerechtigkeit, Bewahrung der menschlichen Schöpfung«. »Eine kleine

Notiz im Schaukasten an der Stadtkirche St. Georg hatte genügt, um mehr als 1.000 Menschen zu bewegen, an diesem kalten Oktoberabend ins Gotteshaus zu kommen«, sagt Pfarrer Martin von Frommannshausen.

An jenem 25. Oktober brach die Zeit der freien öffentlichen Meinungsäußerung in Schmalkalden an. Für den Theologen eine Art Pfingsterlebnis. Plötzlich hätten einfache Menschen vor 1.000 anderen geredet. Ein junger Mann habe vorgeschlagen, eine Resolution zu verabschieden, in der gefordert wird, Honeckers Nachfolger Krenz wieder abzusetzen. Als die Men-

schen hereinkamen, zeigte das Thermometer 18 Grad an, dann stieg die Temperatur auf 23 Grad. So aufgeheizt war die Stimmung unter den Versammelten. Warum suchten die Menschen die Sicherheit der Kirche? Diese galt auch in der DDR als ein geschützter Raum. Sie hatte sich den Ruf erworben, der einzige Ort zu sein, wo man offen seine Meinung sagen kann. Sie bot das Dach für den wachsenden Protest – immer verbunden mit dem Gebot der Gewaltfreiheit.

▶ **SUSANN SCHÖNEWALD**
ist Redakteurin der Südthüringer Zeitung.

Impressum

SCHMALKALDEN
ORTE DER REFORMATION
Journal 7

Herausgegeben von
Dr. Jürgen Römer

Die Deutsche Bibliothek verzeichnet diese Publikation in der Deutschen Nationalbibliographie; detaillierte bibliographische Daten sind im Internet über http://dnb.ddb.de abrufbar.

© 2013 by Evangelische Verlagsanstalt GmbH · Leipzig
Printed in EU · H 7610

IDEE ZUR JOURNALSERIE
Thomas Maess, Publizist, und Johannes Schilling, Reformationshistoriker

GRUNDKONZEPTION DER JOURNALE
Burkhard Weitz, chrismon-Redakteur

COVERENTWURF
NORDSONNE IDENTITY, Berlin

COVERBILD
Christoph Busse

LAYOUT
NORDSONNE IDENTITY, Berlin

BILDREDAKTION
Evangelische Verlagsanstalt Leipzig

ISBN 978-3-374-03147-4
www.eva-leipzig.de

HEDWIG GAFGA, verantwortliche Redakteurin

DR. JÜRGEN RÖMER, Herausgeber

Bildnachweis

Christoph Busse: S. 4/5, S. 7, S. 8, S. 14, S. 15, S. 16 oben, S. 18/19, S. 20 oben, S. 33, S. 38, S. 44/45, S. 47, S. 49
Wolfgang Benkert: S. 6, S. 17
Bärbel Bierstädt: S. 43
Sascha Bühner: S. 3 unten, S. 10/11, S. 24, S. 32, S. 36, S. 46, S. 48, S. 51
foto ed: S. 2 unten, S. 27
Foto Marburg: S. 26 (Foto: Ludwig Bickell)
Fotolia: S. 2 oben, S. 16 unten, S. 18
iStockphoto: S. 22
Jens Goebel: U3/S. 49
Martin Koenitz: S. 42 oben
Ralf Liebaug: S. 42 unten
NORDSONNE IDENTITY: S. 12/13, S. 32/33, S. 42/43
Philipps-Universität Marburg: S. 25
Jürgen Römer: S. 22/23, S. 29
Sammlung des Museums Schloss Wilhelmsburg: S. 3 oben, S. 34/35 (D IVb 1327), S. 37 (D IVb 1534), S. 40
Shutterstock: U2/S. 53
Stadtmuseum Erfurt: S. 30 oben

Stiftung Luthergedenkstätten in Sachsen-Anhalt: S. 30 unten
Xenia Stolzenburg: S. 1
Technisches Museum »Neue Hütte« Schmalkalden: S. 9 oben rechts
Tourist-Information Schmalkalden: Umschlag (Stadtwappen), S. 9 unten, S. 9 oben links, S. 20 unten, S. 50
Wikipedia: S. 31